E.-N. SANTINI

PHOTOGRAPHIE

DES

EFFLUVES HUMAINS

HISTORIQUE, DISCUSSION, ETC.

PARIS

CHARLES MENDEL, ÉDITEUR

118 et 118 bis, *Rue d'Assas*, 118 et 118 bis

PHOTOGRAPHIE

DES

EFFLUVES HUMAINS

E.-N. SANTINI

PHOTOGRAPHIE

DES

EFFLUVES HUMAINS

HISTORIQUE, DISCUSSION, ETC.

PARIS

CHARLES MENDEL, ÉDITEUR

118 *et* 118 bis, *Rue d'Assas*, 118 *et* 118 bis

AVANT-PROPOS

Il ne s'agit pas ici, disons-le tout de suite, des fameuses photographies de *spectres humains*, qui firent tant parler d'elles en 1875. On se rappelle qu'à cette époque un photographe français et un médium américain unirent leurs talents, aussi incontestables que variés, pour séduire les adeptes du spiritisme par l'espérance d'obtenir, réuni au leur, le portrait d'une épouse chérie, d'un ancêtre ou de toute autre personne aimée, passés de vie à trépas depuis un temps plus ou moins long.

Certains curieux demandaient même, faute de parents morts, à voir apparaître sur la plaque photographique, — orgueilleuse fantaisie, — en même temps que leurs traits, ceux d'un illustre guerrier, d'un éminent philosophe ou d'une célèbre courtisane de l'antiquité. Un cordonnier, entre autres, put voir, à côté de son honnête visage de travailleur, l'ombre auguste de Vercingétorix ; une cuisinière se fit photographier avec le spectre de la comtesse du Barry (elle savait par cœur Alexandre Dumas) ; et, un jour, un vieux général se présenta chez notre photographe et lui demanda de le photographier avec le spectre d'une personne qu'il eût connue, — n'importe laquelle. Il se trouva que le spectre évoqué était celui d'une jeune femme que le vieil officier reconnut positivement pour l'avoir fort aimée jadis, il y avait environ quarante ans.

Le photographe fut chaudement félicité :

— Si quelqu'un se permettait de nier le pouvoir de votre machine, lui dit le brave guerrier, je me charge de lui prouver qu'il se trompe. On ne me met pas dedans, moi ! Serviteur.

Et il laissa tomber vingt louis dans la main de l'évocateur.

Souvent le client écarquillait les yeux et fouillait sa mémoire pour découvrir une ressemblance quelconque avec le quasi-spectre qui dressait sa silhouette macabre derrière lui ; rien ne venait.

— Mais qui est donc cette personne ? demandait-il au photographe.

— Ah ! je n'en sais rien ! répondait l'homme de l'*Au-delà;* tâchez de voir; les esprits font de moi ce qu'ils veulent, je n'y suis pour rien. Il est évident que cette image est celle d'une personne qui vous a beaucoup connu, que sais-je !... — et que vous n'aurez peut-être pas connue vous-même... un parent de province, sans doute.

Les prix variaient de 12 à 20, 30, 40 francs et au delà; quelquefois même le client était tellement satisfait que son contentement se traduisait par une forte gratification. Tel le général ci-dessus.

L'artifice était fort simple.

Notre photographe avait une nombreuse collection de poupées, auxquelles s'ajustaient des têtes assorties; il y en avait pour tous les âges, pour tous les goûts. Pendant que le visiteur attendait au salon, une accorte caissière, fine mouche d'opéra-comique, le faisait parler, apprenait ainsi ce qui lui tenait au cœur, et en avisait sournoisement le patron, qui exhumait de son coffre le cadavre d'un vieux laboureur de 1793 ou la pouponne figure d'une jeune fille quelconque, citadine ou campagnarde, négligée dans sa mise prolétarienne, ou vêtue avec une exquise et suprême élégance ; l'artiste prenait aussi faiblement que possible sur sa plaque l'empreinte de ce simulacre, puis, *sur la même plaque non développée*, après avoir subi les passes magnétiques de son compère le médium américain (des Batignolles), — un nommé Firmann, — il photographiait le client. Au développement, une vague image apparaissait sur la plaque avec le portrait, nettement reproduit, du mystifié, qui criait au miracle, son imagination lui faisant reconnaître dans ce léger fantôme l'image d'une personne chérie.

Pourtant, un jour, certain client ne voulut rien reconnaître, pas même la réalité du malencontreux spectre qui s'était attaché à sa personne, ni la bonne foi de l'opération, — et il réclama son argent à cor et à cris (*on était prié de payer d'avance*).

Refus formel du confident des esprits, et plainte du floué à *Qui-de-droit*.

Quelque temps après, un monsieur vient à son tour s'immobiliser contre l'appui-tête. La petite cérémonie de l'évocation a lieu le plus benoîtement du monde, et le photographe, l'œil inspiré, la crinière au vent, met l'appareil au point.

Le châssis étant en place, il pousse d'une voix sépulcrale le traditionnel :

— Ne bougeons plus !

— Parfaitement ! ne bougeons plus ! dit un commissaire de police qui fait irruption dans le temple et met la main sur l'appareil avant que l'opérateur fantaisiste eût pu ouvrir le rideau du châssis.

Le client était le secrétaire du magistrat, qui était d'ailleurs lui-même flanqué de deux agents en bourgeois et d'un photographe de la Préfecture.

Séance tenante on développe la plaque, et l'on y voit une forme vague destinée à représenter la défunte femme du pseudo-client, d'ailleurs célibataire endurci.

L'épilogue de cette peu spirituelle, sinon spiritiste, plaisanterie eut lieu les 16 et 17 juin 1875 à la 7e Chambre correctionnelle du tribunal de la Seine, et il se passa là des

choses encore plus surprenantes que cette colossale mystification. Toutes les personnes, ou à peu près, jouées aussi impu-
demment par l'industriel et son complice refusèrent de croire à
leur mauvaise foi. Toutes déclarèrent avoir parfaitement reconnu
les personnes évoquées à leur prière. D'aucunes déclaraient
même s'être évanouies de saisissement. Toutes considérèrent
B..., le photographe, et son complice, le Batignolo-Américain
Firmann, comme les victimes d'une nouvelle Inquisition. Personne ne voulait porter plainte, si ce n'est les trois ou quatre
mystifiés qui avaient attaché successivement le grelot. Ces deux
compères avouaient eux-mêmes avoir outrageusement trompé
le public ; rien n'y faisait ; le public les plaignait et leur répondait : « Comme vous devez souffrir, pauvres martyrs, de vous
voir ainsi obligés de renier votre pouvoir médianimique !... »
    Du reste, voici un fragment du compte rendu des audiences :

    M. le comte de B., soixante ans. — Je suis allé chez B..., et,
dans l'image qu'il m'a livrée, j'ai positivement reconnu le portrait de ma sœur.
    M. le Substitut. — Mais on vous a montré la tête découpée
à l'aide de laquelle on a obtenu cette image...
    Le Témoin. — Pour moi, cela n'est rien. La ressemblance
est incontestable ; je suis convaincu de la réalité du portrait.
    M. le Substitut. — Mais, dans l'enquête, on a fait l'opération
devant vous !... on a manœuvré la poupée en votre présence !...
    Le Témoin. — Ce n'est pas le même cliché.
    Le Président. — Que dire pour combattre votre crédulité ?...
La preuve est acquise que les procédés n'ont rien de surnaturel,
que les moyens sont frauduleux, que vous êtes dupe de vos
illusions ! Voici la tête au moyen de laquelle on a obtenu le
portrait de votre sœur...
    Le Témoin. — Non, cela ne ressemble pas à ma sœur.
    Le Président. — Ne vous a-t-on pas fait apparaître un prince
indien ?

Le Témoin. — Non, un Inca.

Le Président. — Et l'empereur Maximilien ?... Cela vous a coûté 4.000 ou 5.000 francs.

Mlle Marie de V..., *dix-sept ans.* — Je suis allée chez M. B... par curiosité; j'ai demandé une apparition; il est venu deux esprits : un ami et un oncle.

Le Président. — Que vous avez reconnus ?

Le Témoin. — Parfaitement.

Le Président. — Et cependant B... avoue qu'il n'est pas un médium, qu'il n'est que photographe... N'y a-t-il pas eu d'illusion de votre part ?

Le Témoin. — Non, Monsieur, je les ai parfaitement reconnus.

Le Président. — Vous avez devant vous la boîte aux esprits. On les tire de là, voyez-vous ? Est-ce clair ?... Persistez-vous à y croire ?

Le Témoin. — Oui, Monsieur.

M. de V..., *père de Mlle Marie de V...*, explique qu'il a conduit sa fille chez B..., sur la recommandation du prince de Wittgenstein, *un spirite convaincu comme nous tous*, dit-il. Nous avons tous reconnu le portrait, ajoute le témoin : tout le monde s'est écrié : « C'est notre Charles ! »

Le Président. — Eh bien, vous avez devant vous la boîte de laquelle on tire les esprits.

Le Témoin. — M'a-t-on fait venir ici pour me dire que je suis un imbécile ?

Le Président. — Non, mais pour vous dire qu'on en voulait à votre bourse.

Le Témoin. — Jamais on ne m'a rien demandé.

Le Président. — C'est que l'on comptait sur votre générosité, et elle a été grande.

Et ainsi de suite pendant deux audiences. C'était la répétition de la scène moliéresque où il plaît à Mme Sganarelle d'être battue... Il n'y a que la foi qui sauve, dit-on; mais la foi d'autrui fut impuissante à sauver les deux compères, que le tribunal

séquestra pendant quelques mois, à l'abri des fréquentations de
Vercingétorix, de la belle comtesse du Barry, des Incas (qui
n'étaient pas *princes indiens*), de l'empereur Maximilien et des
oncles, tantes et cousines des Parisiens.

La race des gogos, -- et des gogos volontaires, — sera éter-
nelle.

Et c'est ainsi que, toutes les fois qu'il surgit un fait scientifique
nouveau, il se trouve à point nommé un monsieur très fort
(dans son genre) qui s'en empare, le détourne de sa signification
première, l'adapte aux nécessités d'une petite *combinazione* com-
merciale, le bouscule dans l'ornière du charlatanisme, et, avant
qu'on ait mis bon ordre à cette scandaleuse exploitation, a eu
largement le temps d'acquérir ce qu'il faut pour s'assurer la
considération générale : de l'argent.

Mais ce n'est pas de ce genre de photographie qu'il s'agit ici ;
nous voulons parler de la *photographie des effluves humains*,
ce qui n'est pas la même chose. Depuis plusieurs années, on a
redécouvert une force connue et expérimentée dès les temps les
plus reculés, et à laquelle se rattachent des faits que le vulgaire
croit encore surnaturels, alors qu'ils sont aussi naturels que
ceux que déterminent journellement l'électricité, la calorique,
le magnétisme, etc.

RIEN AU MONDE N'EST SURNATUREL. — Tout obéit à des lois im-
muables. — Il y a longtemps que Cicéron écrivait ceci :

« Quelque phénomène qui se présente à vous, il est de toute
« nécessité que la cause en soit dans la nature. Cherchez-en
« donc la cause, et tâchez de la trouver, si vous le pouvez. Si
« vous ne la trouvez pas, tenez pour constant qu'elle n'en existe
« pas moins, parce que rien ne peut se faire sans cause ; et
« toutes ces terreurs ou ces craintes que la nouveauté de la
« chose aurait pu faire naître en vous, repoussez-les de votre

« esprit, en considérant qu'elles viennent de la nature » (*de la Divination*, livre II, § xxviii, n° 60).

Nous allons donc parler d'abord de cette force spéciale, pour mettre le lecteur au courant de tout ce qui a été dit sur elle jusqu'à ce jour, au moins parmi les modernes ; et nous expliquerons ensuite comment, de même qu'on photographie les phénomènes électriques et lumineux (étincelles, éclairs, lumière noire, rayons X, etc.), on obtient aussi, — *ou l'on prétend obtenir*, — l'image des radiations de la force nouvelle dont il s'agit.

Nous diviserons donc ce livre en deux parties : l'une traitera de la FORCE PSYCHIQUE et l'autre de la PHOTOGRAPHIE DES EFFLUVES HUMAINS.

PHOTOGRAPHIE

DES

EFFLUVES HUMAINS

I

FORCE PSYCHIQUE

CHAPITRE PREMIER

Il n'y a, dans l'univers, qu'une seule matière, animée d'une seule force, le *mouvement*. — ETHER. — L'éther, matière divisée à l'infini, suit toutes les lois de la matière sensible. — L'on est une faible quantité de matière, animée d'un mouvement à haut potentiel. — La *foudre en boule*, manifestation de l'éther à l'état de condensation.

1. On sait que l'opinion générale des savants tend à reconnaître une *force unique* régissant une *matière unique*. Cette opinion est basée sur des faits nombreux, montrant sous un jour tout nouveau des phénomènes dont on croyait autrefois pouvoir expliquer les causes d'une manière absolue ; sur de nouvelles propriétés générales appartenant à des corps que l'on en croyait complètement dépourvus ; sur la transformation de telle force spéciale en telle autre, et réciproquement, etc. L'électricité engendre du magnétisme, qui engendre de l'électricité ; le mouvement engendre de la chaleur, qui engendre du mouvement ; la chaleur engendre de l'électricité, qui engendre de la chaleur ; les phénomènes chimiques engendrent électricité, calorique, lumière, et réciproquement...

2. Ces phénomènes ayant également lieu, et se propageant, dans le vide soi-disant absolu, c'est-à-dire dans les espaces planétaires, il

1

a fallu admettre l'existence d'une matière d'une subtilité infinie remplissant le vide ; et cette matière subtile, dont les vibrations et les divers états prennent les noms de *calorique, lumière, magnétisme, électricité*, serait l'ÉTHER. Cette substance, quoique problématique, a été pourtant assez étudiée quant à ses effets pour que des savants aient même pu lui assigner une densité approximative, densité évidemment d'une faiblesse extrême. Car l'éther remplirait l'univers entier, les espaces infinis, l'éternité de l'espace ; il serait aussi à l'aise entre les atômes des molécules qu'entre les planètes.

3. Mais cette substance est évidemment soumise aux lois naturelles, c'est-à-dire à la loi unique dont il était question tout à l'heure. En effet, dans des circonstances, des conditions nettement déterminées, elle vibre ou ondule électriquement ; dans d'autres, lumineusement ; dans d'autres, calorifiquement, etc. ; elle obéit à cette immuable loi pour produire, dans tel ou tel cas spécial, les sept différents rayons du spectre lumineux. Si elle est soumise aux lois de la nature, il est évident que, dans certains cas, elle peut se contracter, comme toute matière visible ou invisible (*métaux, gaz*, etc.), et affecter certainement un état qui la rapproche plus ou moins de ce quatrième état de la matière appelé par W. Crookes l'*état radiant*, état qui succède, comme extrême ténuité, à l'état gazeux.

4. Mais cette supposition, absolument gratuite d'ailleurs, que l'éther puisse adopter l'état radiant, quatrième état de la matière, nous conduit à cette autre qu'il peut adopter le troisième, dans des cas spéciaux, et quand il se trouve en circulation dans des corps d'une certaine nature. N'oublions pas que le platine, à l'état de *mousse*, absorbe plus de soixante fois son volume d'hydrogène. Dans ces cas spéciaux, c'est-à-dire lorsque, par exemple, l'éther circule dans des corps doués de la vie animale, ses vibrations seraient tout autres que celles qu'il produit quand il se manifeste à nos sens en déterminant les phénomènes de l'électricité, de la lumière, du magnétisme et de la chaleur : il produirait cette force nouvelle dont on s'occupe si fort aujourd'hui, et l'agent qui déterminerait principalement ces manifestations spéciales de l'éther dans les corps organisés

serait la pulpe cérébrale et le système nerveux, qui est sous sa
dépendance.

5. L'éther, *sous une condensation quelconque*, et dans un état
ondulatoire particulier, pourrait donc être ce que l'on nomme
aujourd'hui FORCE PSYCHIQUE, ou, suivant d'autres dénominations
plus ou moins appropriées, CORPS ASTRAL, FLUIDE ASTRAL, OD, FLUIDE
ODIQUE, AÉROSOME, etc., etc. (**10**).

Comme les mots OD et FLUIDE ODIQUE sont généralement adoptés
aujourd'hui, donnons de suite l'origine de ces expressions.

6. Elles sont dues au baron Charles de Reichenbach, savant
physicien allemand (1788-1869), qui, entre autres ouvrages d'une
réelle valeur, a laissé seize *Lettres odiques-magnétiques* dans lesquelles il développe sa théorie du fluide humain. On lit dans la
seizième de ces lettres :

« VA, en sanscrit, signifie *souffler* ; en latin VADO, et dans la
« vieille langue du nord VADA, voulait dire : *je marche vite, j'y*
« *cours, je coule rapidement ;* de là, VODAN signifie, dans l'ancienne
« langue germanique, l'idée d'une chose qui pénètre tout. Le mot
« se transforme, dans les différents idiomes, en WOUDAN, ODAN,
« ODIN, où il signifie la force qui pénètre tout, et qui, en dernier
« lieu, a été personnifiée dans une divinité germanique.

« OD est ainsi le vocal pour un dynamide qui pénètre et jaillit
« rapidement en tout et dans toute la nature avec une force inces-
« sante. »

De son côté, Papus (Dr Encausse), dans sa *Lumière invisible*,
Médiumnité et Magie (Paris, Chamuel, rue du Faubourg-Poisson-
nière, 79, 1896, in-12, page 6), exprime ainsi l'économie de cette
force odique, d'après Louis Lucas :

7. Deux éléments se trouvent en présence :
· Le MOUVEMENT, absolu de la *Force ;*
La MATIÈRE, absolu de l'*Inertie*, dérivée elle-même d'une polari-
sation du mouvement.

Le mouvement agit sur la matière, et cette action donne naissance aux modalités du mouvement dénommées *forces psychiques*.

Beaucoup de mouvement aux prises avec peu de matière produit les forces psychiques dites *supérieures*, ou à vibrations courtes et rapides, — magnétisme, électricité, — ou forces à haute tension, à haut potentiel.

Beaucoup de matière aux prises avec peu de mouvement produit les forces psychiques dites *inférieures*, ou à vibrations longues et lentes, — chaleur, faits acoustiques, — ou forces à basse tension, à faible potentiel.

La lumière semble réaliser l'équilibre entre le MOUVEMENT et la MATIÈRE.

Si bien qu'une même quantité du même mouvement donnera des forces différentes suivant les différentes quantités de matière avec lesquelles elle se trouvera en rapport, ce que nous pouvons indiquer ainsi :

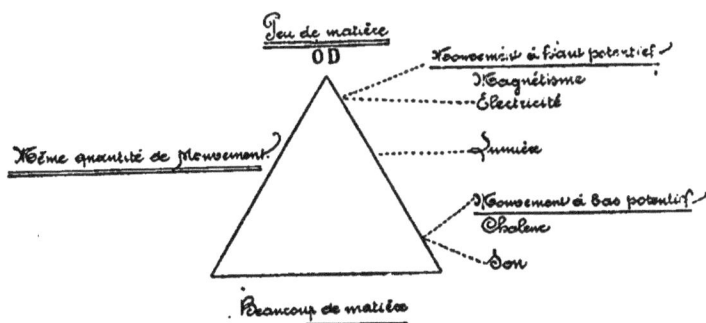

FIG. 1.

« Cette loi se répète exactement pour chacune des modalités appelées *forces psychiques;* et, si nous prenons la lumière comme exemple, nous aurons des rayons *ultra-violets* du côté du haut potentiel et des rayons *infra-rouge* du côté du faible potentiel.

. . . .

« La lumière, dans l'échelle des modalités du mouvement, touche *par en bas* à la chaleur, et *par en haut* au magnétisme ; nous classerons l'électricité un peu au-dessous du magnétisme, et nous dirons, en se rapportant à *l'œil humain à l'état normal :*

Lumière ...	Invisible en haut	*Ultra-violet.*
		Violet.
		Indigo.
		Bleu.
	Visible................	*Vert.*
		Jaune.
		Orangé.
		Rouge.
	Invisible en bas	*Infra-rouge.* »

7. L'hypothèse que nous formulions plus haut (**5**) de la condensation de l'éther, quelque surprenante qu'elle puisse paraître de prime abord, ne présente, en soi, rien de plus extraordinaire que n'eût présenté, il y a cent ans, la supposition d'une suppression totale du qualificatif de *permanent* pour certains gaz, alors fort nombreux, et celle de la possibilité de liquéfier l'hydrogène et l'air, faits accomplis aujourd'hui.

La supposition que l'éther, qui se manifeste sous les aspects de l'électricité, du magnétisme, du calorique, etc., pourrait aussi être la force vitale, fluidique, magnétique (*des magnétiseurs*), odique, etc., avait déjà été émise. Nous lisons en effet dans la *Bibliothèque du Magnétisme animal*, par MM. les membres de la Société du Magnétisme à Paris, tome VI (1819), page 191 :

« ..... Est-ce que l'agent unique des magnétiseurs ne pourrait s'amalgamer avec cette multiplicité de *fluides*, aimant, électrique, galvanique, calorique, frigorifique (?), etc., etc., ni avec toutes ces *forces attractives*, répulsives, centripètes, centrifuges, etc., avec lesquelles les savants physiciens se sont expliqué jusqu'ici toutes les merveilles de la nature ? Est-ce qu'il n'y aurait nul accommodement possible entre tous ces *agents fatals* et imaginaires des physiciens et le magnétisme actif et volontaire de l'homme ?... »

Et le général d'Hénin de Cuvillier dit à son tour, dans son *Exposition critique du Système et de la Doctrine mystique des Magnétistes* (1822), page 135 :

8. « LXVII. *Propriétés de la matière subdivisée à l'infini et considérée dans l'état de* FLUIDE UNIVERSEL. — D'après tout ce que les philosophes anciens et modernes ont dit sur le *fluide universel*, doué d'un principe de mouvement *sans cesse agissant*, ou, pour parler avec plus de précision, *ayant sans cesse une tendance continuelle à agir*, quel est celui qui pourrait nier que le fluide universel ne fût autre chose que de la matière subdivisée à l'infini ?

« Une substance quelconque, dans tel état d'émanation ou de fluide qu'elle puisse être réduite, et cette émanation ou ce fluide étant doués de mouvement et d'action, ou de tendance à agir, n'est donc que de la matière plus ou moins subdivisée.

« Si l'existence du *fluide universel* est prouvée, et si le *mouvement universel* est démontré, qui oserait nier que l'un et l'autre ne font qu'un et ne soient également que de la matière subdivisée à l'infini ?

« Serait-il possible que la matière qui constitue le globe que nous habitons, et dont les trois règnes de la nature sont : le règne animal, le règne végétal et le règne minéral, ne fût que des portions de ce fluide universel QUI AURAIENT ÉTÉ CONDENSÉES, MODIFIÉES, CLASSIFIÉES PAR DES CAUSES QUI NOUS SERONT A JAMAIS INCONNUES ?...

« Si la matière concrète, c'est-à-dire qui a pris de la consistance sous telle forme que ce soit, a pu exister primitivement dans l'état de fluide universel, ne serait-il pas permis d'en déduire que la matière qui constitue aujourd'hui les trois règnes de la nature ne soit susceptible de retourner au même état de *fluide universel* dans lequel elle était auparavant, soit successivement, soit alternativement, soit enfin en totalité, d'après l'ordre de la nature ou conformément aux décrets des destins ou de la Providence ?

« Il paraîtra naturel de croire, d'après ce qui vient d'être dit dans le paragraphe précédent, que la distinction des trois règnes de la nature semblerait devoir disparaître aussitôt que la matière destinée à retourner vers l'état d'une extrême divisibilité serait en effet redevenue d'une ténuité infinie et arrivée jusqu'au point de pouvoir se confondre et s'identifier entièrement avec le FLUIDE UNIVERSEL. »

9. Ce n'est pas une erreur d'imaginer l'éther comme de la matière subdivisée à l'infini, c'est-à-dire comme la matière à son état originel, dont les différents degrés de condensation produisent les corps composant les trois règnes de la nature.

En effet, sous la forme ondulatoire électrique, cet éther, dont la densité est infinitésimale, produit un effet spécial sur lequel nous nous arrêterons un instant.

On connaît le phénomène de la foudre en boule, répété expérimentalement, — et infinitésimalement aussi, — par M. Planté. Ce ne sont plus ici les fulgurantes explosions d'un tonnerre subit et d'abord invisible, explosions s'exerçant entre des objets ou des nuages dont la distance, déterminée par la longueur de l'éclair, est parfois de *deux lieues* et plus[1]. Ce ne sont plus ces éclats soudains et répétés qui secouent la nature et portent au loin une inconsciente et irrésistible terreur chez les faibles, un malaise toujours sensible chez les forts : c'est un globe de quelque chose d'immatériel, pour ainsi dire, gros comme le poing, comme une orange, parfois comme un ballon d'enfant, qui va çà et là sur le sol, doucement, lentement, sans le moindre bruit ; paraissant changer de direction au moindre souffle de l'air ; progressant capricieusement, s'arrêtant quelquefois, montant le long d'un mur, entrant avec hésitation par une porte ou une fenêtre, parcourant un appartement sans y rien déranger, furetant de côté et d'autre, sortant par l'issue qui lui a donné accès dans l'intérieur, rentrant encore, ressortant...

Certainement c'est là de l'éther en vibrations d'une intensité que notre esprit ne peut concevoir et que nos chiffres pourraient difficilement exprimer. Il doit y avoir là un mouvement giratoire d'une

---

[1] On peut lire dans les *Comptes rendus* (tome IX, page 218) une observation de ce genre, donnant une longueur de 8.932 mètres à un éclair : près de 9 kilomètres. Deux nuages se trouvaient à une distance angulaire de 75°, quand un éclair horizontal éclata de l'un à l'autre. Après dix-neuf secondes, le tonnerre commença à se faire entendre dans la nuée située à l'est, et quatre secondes plus tard (c'est-à-dire après vingt-trois secondes), dans celle de l'ouest. Or, le son parcourant 337 mètres par seconde, si nous appelons A le lieu de l'observation, B et C les deux extrémités de l'éclair, on aura AB = 19 × 337 = 6.403 mètres ; AC = 23 × 337 = 7.751 mètres. Dans ce triangle BAC, étant donné deux côtés et l'angle compris, le troisième côté BC, représentant la longueur réelle de l'éclair, peut se calculer d'après la formule

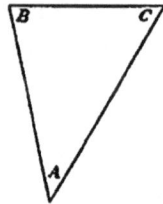

Fig. 2.

$$BC = \sqrt{AB^2 + AC^2 - 2AB \times AC \times \cos BAC}.$$

Sa valeur est donc de 8.932^m,52.

vitesse infinie, accumulant dans ce « quelque chose » de si subtil, de
si intangible, une force inappréciable, inouïe ; cet éther est évidemment condensé ; il est là devant nos yeux, sous la forme d'un globe
incandescent, comme nous voyons le *fantôme lumineux* de Nikola
Testa entre les deux pôles de sa bobine de Rhumkorff spéciale,
dont le courant a 400.000 interruptions par seconde et dont la différence de potentiel aux électrodes est de 500.000 à 1.000.000 de volts.

Dans quelle partie de cette boule légère et insaisissable va tout
à l'heure se faire la reconstitution des deux électricités ?... Où se
trouvent les deux points constituant les électrodes de cette formidable machine ? L'un n'est-il pas au centre de la sphère, et l'autre à
la périphérie ? Ne sont-ils pas maintenus hors d'état de se réunir par
l'incommensurable vitesse de rotation du globe éthérique, et la
déflagration aura-t-elle lieu au moment précis d'un accroissement
donné du nombre des girations, ou bien au moment où cette vitesse
diminuera, c'est-à-dire à un point déterminé de condensation ou de
dilatation ?...

Soudain, soit que ce « quelque chose » ait rencontré un obstacle,
soit qu'il se soit trouvé en présence d'affinités quelconques ralen-
tissant ou accélérant son mouvement, les forces électriques im-
menses accumulées dans cette substance impalpable par ce même
mouvement, selon des lois encore inconnues, déflagrent subitement... et ce petit globe, *ce rien*, produit autour de lui les ravages
que déterminerait l'explosion d'un obus [1]...

Un exemple entre mille, rapporté par les Dʳˢ Sestier et Méhu,
dans leur ouvrage intitulé *de la Foudre, de ses Formes et de ses Effets*
(Paris, Baillière, 1866, tome I, page 135) :

10. « Un jour du mois de juillet 1744, vers midi, un nuage
menaçant arriva au-dessus de Knifwingsgute ; le tonnerre se rap-
prochait peu à peu. Une paysanne était occupée à faire cuire

---

[1] On peut lire dans les *Comptes rendus*, tome XXXV, pages 192 à 195, plusieurs cas
curieux de foudre en boule. A notre avis, les terribles effets du globe éthérique incandescent, dit *foudre en boule*, sont tout simplement dus à une *transformation de mouvement :* quand l'eau quitte l'*état sphéroïdal*, elle se transforme violemment en vapeur et
peut produire, en masse, de formidables explosions. La trombe est de l'air à l'état
cylindroïdal, et l'on connaît ses terribles effets.

quelques mets sur le foyer de sa cuisine, lorsque le tonnerre éclate, et elle voit une boule de feu de la grosseur du poing descendre par la cheminée, passer entre ses pieds sans la blesser, et continuer sa route sans incendier, *sans même renverser*, le rouet et divers autres objets qui se trouvent sur le plancher.

« Effrayée, elle se précipite sur la porte ; mais au moment où elle l'ouvre, la boule de feu vient en sautillant (*hupfend*), passe près de ses pieds, pénètre dans une pièce qui s'ouvrait au dehors, la traverse, franchit la porte et arrive dans la cour. Elle la traverse aussi, entre dans une grange par la porte, rencontre le mur opposé, monte sur sa surface, et, arrivée au-dessous du bord du toit de chaume, elle éclate et se disperse avec un feu si terrible que la paysanne s'évanouit ; le feu prend à la grange et la réduit promptement en cendres. »

Ces détails, sur ce que peut un fluide impondérable amené à un état spécial de condensation, étaient nécessaires pour faire comprendre ce que nous allons exposer maintenant.

11. Il est bien entendu que ce qui va suivre n'est ni une apologie, ni même une discussion du SPIRITUALISME.

C'est simplement une exposition des divers systèmes émis pour l'explication de faits ABSOLUMENT RÉELS, de faits qu'il ne faut plus songer à nier, de faits entrés dans le domaine scientifique. Les explications sont-elles bonnes ? plausibles ? admissibles ? Ce n'est pas notre affaire. Nous gardons pour nous notre appréciation, nous rappelant que, dans notre livre sur les *Rayons X et les Images photofulgurales*, à propos de certains phénomènes électriques qui eurent lieu pendant l'essai de reconstruction du temple de Jérusalem, et qui se reproduisirent identiquement en 1600, dans une église anglicane, notre explication toute scientifique, et par conséquent toute naturelle, d'un fait très ordinaire, banal même, mais longtemps présenté comme miraculeux, nous a valu d'assez vives protestations.

Nous laissons donc à chacun sa manière de penser et de voir. Mieux encore, nous donnerons, aussi souvent que possible, la parole

aux auteurs mêmes des systèmes et des explications, quelque con-
tradictoires qu'ils puissent être.

Nous nous bornons à mettre sous les yeux du lecteur les documents sur lesquels il pourra se faire une juste idée de ce qu'est le
spiritualisme, ou *spiritisme*, d'abord, et ensuite la photographie
du FLUIDE VITAL (**5**), de l'AURA (**65**), de l'OD (**6**), etc., etc.

CHAPITRE II

Opinion des spiritualistes sur la constitution complexe de l'homme. — Périsprit, corps astral, fluide astral, aérosome, etc. — Esprits, élémentals,
coques astrales. — Ce qui se passe à la mort de l'homme. — Théories de
MM. Decrespe, E. Rose, Oxon, etc. — La vie végétative survit quelque temps
après la mort. — Grâce au corps astral, l'homme conserve une relation de
sensibilité avec un membre amputé. — Théories d'Allan Kardec. — Diverses
sortes de médiums.

12. Pour les spiritualistes, — ou *spiritistes*, — l'homme est formé
d'un corps, d'une âme, et d'une substance spéciale, corps pour les
uns, esprit pour les autres, qui prend les noms de *périsprit, corps
astral, aérosome, fluide astral*, etc.

Ce corps astral, s'il est considéré comme formé d'une matière
quelconque (et il ne peut y avoir dans l'univers qu'une seule
matière), ne serait autre chose que l'ÉTHER plus ou moins condensé
ou condensable (**3** à **10**) pénétrant notre corps charnel dans toutes
ses parties et en épousant la forme, avec, néanmoins, un léger dé-
bordement. Ainsi, pour les personnes spécialement disposées, c'est-
à-dire dans un état d'hypnose (**25, 26**), pour les *sensitifs*, dont les
yeux ont des facultés autres' que les yeux ordinaires, notre corps
paraît enveloppé d'une sorte d'*ouate lumineuse* : c'est l'excès du
périsprit, de l'*aérosome* (ἀήρ, *air ;* σῶμα, *corps*).

Ce corps astral est insécable, comme la fumée en *anneaux-tour-
billons* de Helmholtz, et survit plus ou moins longtemps au corps
charnel ; d'aucuns pensent qu'il est éternel et qu'il conserve l'intelligence après la dissolution du cadavre ; ce serait un *esprit*, une
coque astrale (**13, 17, 21**).

13. D'autres corps aériens, désignés sous les noms d'*élémentals*,
existeraient aussi, mais n'auraient pas encore été unis à un corps

charnel et à une âme; ces entités seraient inférieures, comme intelligence, aux corps astrals (ou *coques astrales*) ayant déjà vécu de la vie terrestre et humaine.

Du reste, voici comment s'exprime à ce sujet M. Marius Decrespe dans *les Microbes de l'Astral* (Paris, Chamuel, 1895, in-12), page 84 :

« Quand un homme meurt, son corps charnel ne se dissout pas instantanément ; il faut, en moyenne, de cinq à dix ans pour la décomposition complète d'un corps humain adulte, sauf le squelette. Or, pendant toute la durée de cette décomposition, l'*aérosome* (**12**) subsiste, de moins en moins parfait et puissant, mais toujours comparable à ce qu'il était pendant la vie. La grande différence est qu'au lieu de rester emprisonné dans le corps charnel, où le retenait naguère le jeu des forces physiologiques, morales et intellectuelles, il en est chassé par cette même tension d'*extériorisation* (**45**), non équilibrée, qui provoque la désagrégation du cadavre.

« Il est libre, mais pas encore tout à fait, puisque c'est du cadavre qu'il émane. En cet état, et bien que le corps auquel il appartenait soit mort, l'aérosome peut, néanmoins, continuer à vivre *de sa vie propre ;* il peut conserver son centre particulier de forces ; il peut, en chacune de ses molécules, vibrer de ses vibrations à lui ou de *celles qui lui sont communiquées ;* il peut même faire vibrer d'autres aérosomes ; en un mot, il constitue une entité semblable aux élémentals (**13**), mais plus puissante. Il vit donc de la même vie, ayant les mêmes besoins, les mêmes aspirations et provoquant les mêmes phénomènes, le tout avec d'autant plus de puissance qu'il est plus fort.

« Cette puissance plus grande se manifeste surtout dans les *communications* que donnent ces aérosomes autrefois humains.

« Tandis, en effet, que les élémentals sont incapables de fournir autre chose que l'écho des pensées des personnes présentes, qu'ils réfléchissent machinalement et sans la comprendre, ou, quelquefois l'induction de pensées étrangères dont ils se sont imprégnés antérieurement, les *coques astrales* (**12**) conservent, par une sorte de phénomène reflexe, le rythme vibratoire des pensées que l'esprit auquel elles ont appartenu leur a communiquées lors de son ancienne union avec le corps; elles peuvent ainsi répondre, avec plus ou moins d'à-propos, aux questions qui leur sont posées sur des sujets ignorés même des assistants. Encore faut-il que ces sujets ne soient pas transcendants, car non seulement la coque astrale, n'étant animée que par un reste de vibrations de l'esprit parti, *ne peut dépasser la portée de cet esprit*, mais encore, l'effet étant plus petit que la cause, ces vibrations, conservées sans doute par la vitesse acquise par les molécules et par la plasticité de l'aérosome, sont moins intenses et moins pures que celles primitivement émises, etc., etc. »

14. Dans son livre *la Psychologie devant la Science et les Savants* (Paris, Chamuel, 1894, in-18, page 50), M. Ernest Bosc nous dit :

« L'ASTRAL, selon tous les occultistes, est un fluide moitié physique, moitié immatériel, qui relie le monde matériel ou physique avec le monde immatériel ou invisible spirituel.

« D'après Bodisco :

« I. — *L'espace est rempli de fluide astral*, émanant de tous les corps.

« II. — Le fluide astral constitue, dans le corps humain, le degré de la force médianimique passive ou active du sujet ; ces deux forces, qui sont nécessaires pour pouvoir produire des démonstrations spirites, se trouvent rarement concentrées dans la même personne.

« III. — La force médianimique passive se traduit par des *trances*[1].

« IV. — Le fluide astral s'emmagasine dans le grand sympathique du corps humain.

« V. — Dans l'obscurité il se condense en nuages vaporeux (**48**) et devient visible à l'œil ; à la lumière, il se diffuse.

« VI. — L'action de la force médianimique active agissant sur la

[1] Les occultistes mettent un c à ce mot pour le différencier du même mot, dont la signification est *frayeur, appréhension*, etc. Il eût été aussi simple d'inventer un nouveau terme. La *trance* est donc l'état d'agitation mystérieuse qui annonçait, chez les sibylles anciennes, l'approche du dieu consulté : *Deus, ecce deus!*

force médianimique passive fait émaner du corps humain le fluide astral, indispensable pour la réussite des expériences spirites.

« VII. — L'émanation du fluide astral fait baisser sensiblement la température du corps ; la chaîne faite avec les mains facilite l'émanation du fluide.

« VIII. — Le fluide astral, condensé en corps astral (3 à 10), est le plus important de tous les corps qui existent dans la nature, étant le corps du *soi* éternel, en même temps que le corps impérissable des *moi* temporels de chaque existence humaine de la même· personne.

« .Ce corps est l'unique lien par lequel le monde invisible peut se révéler aux sens des mortels. »

15. Le professeur Oxon (cité par M. Eugène Lenoir dans sa thèse présentée à la Faculté de théologie protestante de Montauban pour l'obtention du grade de bachelier en théologie et intitulée : *Etude sur le Spiritisme*, Genève, 1888, in-8°), dit à son tour :

« 1° Il existe une force qui opère au moyen d'un type spécial d'organisation humaine, et qu'il convient d'appeler FORCE PSYCHIQUE ;

2° Il est démontré que, dans certains cas, cette force est gouvernée par une intelligence ;

3° Il est prouvé que cette intelligence est souvent autre chose que celle de la personne ou des personnes au moyen desquelles elle agit ;

4° Cette force, ainsi gouvernée par une intelligence extérieure, manifeste parfois son action, — indépendamment d'autres modes, — en écrivant des phrases *cohérentes* sans l'intervention d'aucune des méthodes connues pour écrire[1] ;

5° L'évidence de cette force ainsi gouvernée par une intelligence repose sur :

a. L'évidence de l'observation des sens ;

b. Le fait qu'elle se sert souvent d'une langue inconnue du psychique (*médium*) ;

---

[1] Pour cet alinéa et les suivants, voyez ci-après (33) les explications données par M. CHEVILLARD, dans ses *Etudes expérimentales sur le Fluide nerveux, et Solution ration· nelle du Problème spirite,* Paris, 1892, in-8°, Dentu, éditeur, place de Valois, 3 et 5.

c. Le fait qu'il est démontré impossible de produire ces résultats par la fraude, dans les conditions où les phénomènes sont obtenus;

d. Le fait que le phénomène spécial est produit non seulement en public et par des médiums payés, mais en particulier, et sans la présence d'aucune personne étrangère au cercle de la famille. »

16. Nous avons dit plus haut (**12**) que l'aérosome des occultistes est insécable; quand un membre est amputé, l'aréosome ne le quitte pas pour cela; il le suit, il tient à la fois au corps charnel et à la partie séparée. Du reste, on sait qu'après la mort la vitalité, la vie végétative, n'abandonne pas le corps entièrement, brutalement; elle y persiste pendant en temps plus ou moins long : quand on ouvrit, pendant la Révolution, les tombes de la basilique de Saint-Denis pour en extraire les restes des rois de France, on constata que la barbe et les ongles d'Henri IV avaient poussé; il en fut de même, quand, à Sainte-Hélène, on ouvrit le cercueil de Napoléon Ier : les ongles des pieds du vainqueur d'Austerlitz avaient crevé les bottes. Le docteur Gibier cite plusieurs phénomènes de ce genre dans son *Analyse des Choses;* il en est de même chez les animaux, bien entendu, et il n'est pas rare de voir des poils repousser assez abondamment, même en dedans du cuir, sur des peaux déjà préparées; dans le commerce on les appelle *cuirs repoussants*. Mais revenons à l'aréosome.

Si le corps astral se maintient toujours en rapport avec le membre qui a quitté le corps charnel, il est évident que, parfois, ce dernier aura conscience de l'existence du membre abandonné et souffrira même à ce membre comme s'il le possédait encore.

17. Nous trouvons un remarquable exemple de cette possibilité dans l'ouvrage de M. le colonel de Rochas d'Aiglun intitulé : *Extériorisation de la Sensibilité* (note E, page 199, Chamuel, éditeur); le fait cité est rapporté par M. Lermina et s'était passé en 1881; il le tenait d'un chirurgien américain :

« Je visitais, raconte ce chirurgien, une scierie mécanique avec des amis. L'un deux glissa, et son avant-bras fut saisi par une scie circulaire qui le mutila. L'amputation fut nécessaire ; on était à grande distance d'une ville. L'amputation faite, le bras coupé fut placé dans une boîte remplie de sciure de bois, et on l'enterra. Peu de temps après, mon ami, en pleine voie de guérison, se plaignit de souffrir de son bras absent, ajoutant qu'il se sentait la main pleine de sciure et qu'un clou lui blessait le doigt. Les plaintes persistant au point de lui enlever le sommeil, ceux qui l'entouraient craignaient pour sa raison, quand la pensée me vint de retourner à l'endroit où s'était passé l'accident ; et, si étrange que cela puisse paraître, tandis que je lavais le membre déterré pour le débarrasser de la sciure, je constatai qu'un clou du couvercle de la boîte s'était engagé dans le doigt. Ce n'est pas tout ; le blessé, qui se trouvait à plusieurs milles de là, disait à ses amis : « On verse de l'eau sur ma main ; on enlève le clou... cela va beaucoup mieux... [1] »

M. Lermina fait suivre de récit de cet autre et de quelques réflexions :

« Une aventure à peu près semblable arriva à un nommé Samuel Morgan, employé aux machines à coudre Singer. Amputé à la suite d'un accident, il se plaignait de souffrances à l'épaule et de crampes dans ses doigts absents. On reconnut alors que le membre amputé avait été tassé si violemment dans la petite caisse où on l'avait enfermé pour l'enterrer que la main était repliée sur elle-même de façon à causer dans le membre, — s'il eût été vivant, — la douleur dont se plaignait le blessé.

« Il suffit d'ailleurs de consulter les internes de nos hôpitaux pour constater nombre de faits analogues, attribués, comme toujours, à une suggestion de l'imagination. Les Américains, plus hardis, ont essayé d'utiliser ces constatations pour la meilleure guérison du patient. Ils n'hésitent pas à déclarer que la douleur physique a une répercussion durable dans la forme spirituelle du membre amputé. La gangrène qui se déclare après les amputations est, selon eux, la résultante de la décomposition du membre coupé. *En brûlant ce membre, le danger disparaît.* Seulement, comme le

---

[1] On se demande, — tout en ne suspectant aucunement la bonne foi du chirurgien américain, — comment son ami sentait de la sciure de bois dans le creux de sa main, mais ne sentait pas les vers qui lui rongeaient la main et l'avant-bras...

patient souffre pendant la crémation du membre détaché, comme s'il adhérait à son corps, il importe de l'anesthésier pendant l'opération. »

Après cette citation, M. de Rochas fait la judicieuse observation suivante :

« Je ferai aux réflexions de M. Lermina le même reproche qu'à presque tous ceux qui ont écrit sur ces questions : *ils laissent supposer que les exceptions qu'ils présentent sont la règle ;* de telle sorte que, l'expérience journalière ne justifiant pas leur raisonnement, on regarde comme faux les faits pourtant réels sur lesquels ils s'appuient. »

Nous ajouterons que le Dr Luys, médecin de la Charité, a fait diverses expériences qui ont un rapport très connexe avec les faits rapportés plus haut. Il avait notamment dans son service un individu amputé d'un doigt, qui, mis en état d'hypnose, ressentait de violentes douleurs au doigt absent, quand le docteur faisait le simulacre de pincer la place où se serait trouvé le doigt s'il n'avait été amputé, c'est-à-dire quand il *pinçait l'air*, à quelques centimètres de la main.

18. En définitive, la théorie spiritiste ou spiritualiste peut se résumer ainsi, d'après l'un de ses plus fervents adeptes, son importateur en France, ALLAN KARDEC[1], dont la doctrine est exposée tout au long dans ses trois principaux ouvrages : *le Livre des Esprits, le Livre des Médiums,* et *la Revue spirite :*

La transition entre l'esprit et la matière n'est pas brusque. Entre ces deux essences, il en existe une troisième, le périsprit, substance tenant plutôt de l'esprit que de la matière. C'est un fluide extrêmement ténu, qui est pour ainsi dire le corps de l'esprit. C'est par le périsprit qu'il peut produire les effets par lesquels il décèle sa présence. Notre âme possède également son périsprit ; c'est ce

---

[1] De son vrai nom RIVAIL (Hippolyte-Léon Denizard) ; il naquit à Lyon en 1803 et mourut en 1869 ; ses ouvrages eurent un succès retentissant et constituent encore l'évangile du Spiritisme.

2

lien tout particulier qui l'attache au corps ; à la mort, le corps périt et se décompose ; le périsprit conserve alors la forme humaine, quoique invisible. Cependant, comme la substance du périsprit n'est pas solide, il en résulte qu'elle ne conserve pas toujours cette forme et que l'esprit peut modifier cette dernière à son gré.

Il en résulte aussi que les esprits seraient des êtres absolument semblables à nous, et que, lorsqu'ils jugent à propos de se manifester d'une manière visible, nous les voyons sous la forme humaine ; mais il est rare qu'ils le fassent de cette façon. Ils le font ordinairement au moyen d'autres phénomènes visibles ou appréciables par nos sens, c'est-à-dire par des *manifestations physiques* affectant l'ouïe, le toucher, l'odorat, le goût, ou bien par des *manifestations purement intellectuelles.*

Tantôt ces manifestations répondent à nos sollicitations, tantôt elles sont spontanées.

Pour pouvoir interpeller les esprits, les invoquer et obtenir d'eux une réponse, il faut être dans un état particulier, jouir d'une faculté spéciale : être MÉDIUM, c'est-à-dire *intermédiaire* entre les esprits et ceux qui désirent converser avec eux.

Tout le monde possède plus ou moins la faculté médianimique ; mais l'exercice habituel de cette faculté la développe considérablement, comme surtout une vie régulière, des mœurs douces et pures, la chasteté, la sobriété, le jeûne, un caractère égal, une conscience tranquille et un grand amour pour son prochain.

19. Il y a, toujours suivant les principes d'A. Kardec, plusieurs sortes de médiums, selon les moyens dont se servent les esprits pour se manifester à eux : les médiums à *effets physiques*, les médiums *sensitifs* ou *impressibles;* les médiums *auditifs*, les médiums *voyants*, les médiums *parlants*, les médiums *somnambules ;* les médiums *guérisseurs ;* les médiums *pneumatographes ;* les médiums *psychographes* ou *écrivains*, etc.

Les médiums à *effets physiques* produisent plus particulièrement les mouvements des corps, les bruits, les lévitations, en un mot les phénomènes matériels. Ils peuvent être *facultatifs* ou *involontaires*, selon que leur action se fait sentir d'après leur volonté ou à leur insu.

Les médiums *sensitifs*, ou *impressibles*, sont ceux qui perçoivent la présence des esprits par une impression corporelle toute particulière : des attouchements légers, des frôlements, etc.

Les médiums *auditifs* entendent les esprits leur parler. Tantôt cette voix se fait entendre intérieurement, en eux-mêmes; tantôt elle se fait entendre au dehors, comme provenant d'une personne invisible ; dans ce dernier cas, les assistants l'entendent aussi.

Les médiums *parlants* ont cette faculté spéciale de prêter leurs organes à l'esprit, qui s'en sert et parle par leur bouche.

Les médiums *voyants* sont les mieux partagés; ils jouissent d'une faculté absolument extraordinaire : ils voient les esprits aller et venir autour d'eux ; ils les appellent et leur parlent familièrement, causant avec eux comme avec le premier mortel venu. Il leur faut pour cela se trouver dans un état tout particulier, confinant même pour quelques-uns au somnambulisme presque complet. Ils sont, d'ailleurs, excessivement rares, et Allan Kardec en a connu quelques-uns. Nous éclairerons suffisamment le lecteur à leur sujet, en citant deux faits rapportés par Kardec lui-même dans le *Livre des Médiums*, pages 205 et 206 :

20. « Nous assistâmes un soir, dit-il, à la représentation de l'opéra d'*Obéron* avec un très bon médium voyant. Il y avait dans la salle un assez grand nombre de places vacantes, mais dont beaucoup étaient occupées par des esprits qui avaient l'air de prendre leur part du spectacle ; quelques-uns allaient et venaient auprès de certains spectateurs et semblaient écouter leur conversation. Sur le théâtre se passait une autre scène ; derrière les acteurs, plusieurs esprits...

(Faut-il continuer cette citation ?...)

« ...Plusieurs esprits d'humeur joviale s'amusaient à les contrefaire en imitant leurs gestes d'une façon grotesque; d'autres, plus sérieux, semblaient inspirer les chanteurs et faire des efforts pour leur donner de l'énergie. L'un d'eux était constamment auprès d'une des principales cantatrices; *nous lui crûmes des intentions un peu légères*. L'ayant appelé après la chute du rideau, il vint à nous, et nous reprocha avec quelque sévérité notre jugement téméraire : « Je ne suis pas ce que vous croyez, dit-il ; je suis son guide et son esprit protecteur; c'est moi qui suis chargé de la diriger, Adieu! elle est dans sa loge, il faut que j'aille veiller sur elle. »

« Nous évoquâmes ensuite l'esprit de *Weber*, l'auteur de l'opéra, et nous lui demandâmes ce qu'il pensait de l'exécution de son œuvre : « — Ce n'est pas trop mal, dit-il, mais c'est mou; les acteurs chantent, voilà tout ! Il n'y a pas d'inspiration. Attendez, ajouta-t-il ; je vais essayer de leur donner un peu de feu sacré ! » — Alors on le vit sur la scène, planant au-dessus des acteurs ; un effluve semblait partir de lui et se répandre sur eux; à ce moment il y eut effectivement chez eux une recrudescence visible d'énergie.

21. « Voici un autre fait qui *prouve* l'influence que les esprits exercent sur les hommes à leur insu. Nous étions, comme ce soir-là, à une représentation théâtrale avec un autre *médium voyant*. Ayant engagé une conversation avec un *esprit spectateur*, celui-ci nous dit : « — Vous voyez bien ces deux dames seules, dans cette loge des premières? Eh bien, je me fais fort de leur faire quitter la salle. » Cela dit, on le vit aller se placer dans la loge en question et parler aux deux dames; tout à coup, celles-ci, qui étaient très attentives au spectacle, se regardent, semblent se consulter, puis s'en vont et ne reparaissent plus. L'esprit nous fit alors un geste comique pour montrer qu'il avait tenu parole; mais nous ne le revîmes plus pour lui demander de plus amples explications. »

Continuons maintenant la série des médiums.

Le médium *somnambule* diffère du somnambule ordinaire en ce que ce dernier, dans le sommeil magnétique, n'obéit qu'à l'impulsion de son âme propre, devenue en cet état beaucoup plus lucide ; tandis que le premier, au contraire, agit sous l'impulsion des esprits étrangers.

Le médium *guérisseur* est celui auquel se communiquent des esprits possédant l'art de guérir, ou du moins se manifestant par des guérisons (des *coques astrales* de médecins défunts, probablement).

Le médium *pneumatographe* est celui au moyen duquel les

esprits écrivent directement, en caractères ordinaires, ce qu'ils ont à nous communiquer. Si l'on possède la médianimité pneumatographique, on n'a qu'à prendre une feuille de papier, la plier en plusieurs doubles et la placer ensuite sur un meuble ou dans un tiroir fermant ou non à clef. Au bout d'un certain temps, ce papier est couvert de signes, de caractères, de dessins, de lettres, et très souvent de phrases entières, parfois de véritables discours.

Le médium *psychographe*, ou *écrivain*, est celui dont la main sert aux esprits pour tracer immédiatement des caractères, des réponses aux questions qui leur sont adressées. Dans cet état particulier, la main agit sous une impulsion qu'elle n'est pas maîtresse de modifier en aucune façon, et elle écrit inconsciemment ce que l'esprit lui fait tracer.

D'autres fois, à la prière du médium écrivain, c'est une planchette, une corbeille, une petite table qui se chargent elles-mêmes d'écrire, et, pour cela, on y adapte un crayon, et on place à proximité une feuille de papier.

CHAPITRE III

Williams Crookes. — Médiums célèbres : Home, Slade. — Fluide éthérique ; expériences de Seguin aîné. — *Sensitifs :* expériences de MM. de Rochas et Luys. — Poissons électriques. — Théories de M. Fugairon.

22. Le savant *Williams* CROOKES a fait sur la force psychique des expériences célèbres, et il se servait à cet effet de médiums qui eurent leur heure de célébrité, HOME entre autres, auquel une malheureuse aventure arriva aux Tuileries, et qui soutint jusqu'à la fin de sa vie qu'il collaborait avec les Esprits ; — mais jusqu'à la fin de sa vie seulement ; car, sur le point d'aller communiquer pour toujours et directement avec eux, il avoua (**40**) tout bonnement avoir abusé de la crédulité de ses contemporains en mettant sur le compte d'êtres surnaturels l'étonnante force psychique dont il était exceptionnellement doué, *parce que*, disait-il, *une apparence de mystère a toujours plu aux masses, et surtout aux femmes.* Mais la force psychique possédée par Home était réellement formidable, et il n'y a plus aujourd'hui à révoquer en doute les preuves étonnantes qu'il en a données mille fois ; le médium SLADE (nous conservons ce mot de *médium*, qui nous paraît, pourtant, peu utile, — Home ayant parlé) fut très fluidique aussi ; mais ni l'un ni l'autre, croyons-nous, n'atteignirent à la puissance aussi *inconsciente* qu'extraordinaire de la jeune *Angélique* COTTIN (**31**, **42**). Il y a là des faits que l'on ne saurait nier, à moins d'être volontairement aveugle, — ce qui n'est pas un crime, mais une faute. Il n'est pas toujours nécessaire d'avoir vu. Quand des savants universellement respectés et estimés, abandonnant le côté mystérieusement spiritualiste des expériences, s'attachent seulement aux manifestations scientifiques, palpables, tangibles, visibles pour la foule des expérimentateurs et des témoins fortuits, occasionnels, surgissant à l'improviste, à quelque classe de la société intelligente qu'ils appartiennent, il faut s'incliner : la crainte du ridicule en est parfois le commencement.

23. Il y a évidemment en nous une force éthérique, ou électrique, si l'on veut (**28**), toute SPÉCIALE, car l'électricité, sous ses manifestations ordinaires, serait incapable de produire les phénomènes connus aujourd'hui de tout le monde, au moins par les nombreux témoignages de savants uniquement intéressés par le côté tangible des phénomènes, et non par leur côté mystérieux ou spiritualiste. Exemple :

SEGUIN aîné, membre correspondant de l'Académie des Sciences, adressa à ce corps savant la note suivante, qui fut lue dans la séance du 23 mai 1853 (*Comptes rendus*, tome XXXVI, page 891) :

« ..... Nous choisîmes une petite table en noyer très ancienne, de 40 à 50 centimètres de long, 30 de large, 70 de hauteur, pouvant peser 2 à 3 kilogrammes. Nous étions douze à quinze personnes. M. Eugène de Montgolfier, âgé de 35 à 40 ans, et moi, fûmes les principaux acteurs des expériences; nous formâmes une chaîne animale avec nos mains, en superposant chacun nos petits doigts de la main droite sur celui de la main gauche de nos voisins, et, au bout de dix minutes environ, la table commença à se soulever du côté qui lui était indiqué à haute voix, tourna sur elle-même, se transporta d'un bout de l'appartement à l'autre sur un sol inégal et raboteux, qui, à chaque instant, l'arrêtait dans son mouvement et occasionnait des soubresauts que nous aurions eu de la peine à contenir en employant notre force : *et cependant nous ne faisions que la toucher du bout du doigt.*

« Ces mouvements s'exécutaient au bout de deux heures d'exercice avec tant de facilité que nous fîmes retirer les deux autres personnes qui étaient avec nous et restâmes seuls avec M. de Montgolfier, sans toucher nos mains. La table exécuta alors ses mouvements avec autant de force et de promptitude qu'auparavant; et, l'ayant abandonnée à M. de Montgolfier seul, il put la diriger également; mais tous les essais que je fis, ainsi que les autres personnes de la compagnie, furent inutiles, et à lui seul put appartenir cette faculté.

« Dans la plus grande violence de son mouvement, j'essayai
de retenir l'un de ses pieds, soit avec le bout du pied, soit avec
ma main en essayant de le briser ; *il plia fortement,* mais pas assez
pour déterminer sa fracture ; *et cependant M. de Montgolfier la tou-
chait légèrement du bout des doigts.*

« Enfin, battre la mesure au son du piano, indiquer l'âge, le
nombre des personnes et des choses que connaissaient la personne
ou les personnnes qui étaient en communication avec elle, furent
des expériences répétées de mille manières, et toujours avec le
même succès [1].

« Pour mettre le fait dans sa plus grande évidence, nous vou-
lumes essayer de soustraire un chapeau à l'empire de la gravité,
en cherchant à le détacher d'une table sur laquelle il était placé ;
mais nous ne pûmes y parvenir, malgré que nous eussions attaché
au chapeau, soit un ruban de laine, soit un mouchoir de poche,
pour le mettre en communication avec le sol. Le chapeau s'est
quelquefois soulevé tout autour, et jusqu'à ce que quelques poils
de la partie convexe de la calotte fussent ses seuls soutiens ; on
voyait, en plaçant une bougie en face, une ligne éclairée et continue
entre la table et le chapeau, mais le détachement n'a jamais été ni
tranché, ni complet.

« Le lendemain nous avons renouvelé les expériences chez moi,
avec la même table, et nous avons obtenu les mêmes résultats. La
table, soutenue sur deux de ses pieds, les deux autres étant en porte
à faux, a fait le tour d'une autre table de marbre ronde, sur laquelle
elle était placée. Elle a fait la même chose sur un seul pied ;
s'est abaissée jusqu'à terre ; ensuite, au commandement qui lui
en a été fait, elle s'est relevée de manière à reprendre sa position
première : toutes choses qui m'ont convaincu que *les lois de la gra-
vitation se trouvaient, dans cette circonstance, complètement inter-
verties et dominées par une cause qui leur était momentanément
supérieure.* »

24. Voilà donc un corps inerte qu'une force supérieure, — éma-
nant de l'homme, — soustrait à l'action de la pesanteur. Cette table

[1] On verra plus loin, § 33. l'explication très plausible de ces phénomènes.

pèse 2 à 3 kilogrammes, dit Seguin ; elle est debout sur une autre
table ; elle s'incline jusqu'au sol, la verticale dépassant ainsi le
polygone de sustentation, et elle ne tombe pas ; elle va jusqu'au sol
et se relève ensuite, d'elle-même *en apparence ;* il existe donc, en
dehors d'elle, une force supérieure à son poids de 2 à 3 kilos,
qui la maintient, malgré les lois de la pesanteur, dans une position
anormale. Dans cette position anormale, la force émanant de l'opérateur exerce donc une *attraction* sur la table, et cette attraction est
supérieure à celle de la pesanteur mesurée par 2 à 3 kilos. Du reste
l'homme n'est pas seul dans ce cas, et il y a beaucoup de vrai dans
ce que l'on raconte du serpent *attirant* l'oiseau à lui, même quand
celui-ci, pour échapper à la terreur qui le paralyse, tourne le dos
au reptile et par conséquent ne le voit plus. Le célèbre Lavaillant
raconte qu'un jour, en forêt, marchant droit devant lui, il se sentit
soudain attiré sur le côté... et inconsciemment il cédait ou allait céder
à cette sollicitation, quand, pour chasser ce malaise, il tourna la tête
et se vit brusquement en face d'un énorme serpent, qu'il tua
aussitôt d'un coup de fusil. S'il ne se fût aperçu à temps du danger
qu'il courait, il était infailliblement perdu.

25. Cette force, ce fluide actif n'est-il pas celui que voient dis-
tinctement en plein jour les *sensitifs* (**19, 26**), au sujet desquels
M. de Rochas dit (*Extériorisation de la Sensibilité,* page 6) :

« Chez des sujets très sensibles, on peut déterminer l'état de rapport d'un membre quelconque, et en particulier des yeux, en agissant magnétiquement sur les organes pendant que le reste du
corps reste à l'état naturel. Dans ces conditions certains sujets
acquièrent une hyperexcitabilité momentanée de la vue qui leur
permet de voir les effluves en pleine lumière.

« Je rencontrai dans le service du Dʳ Luys, à la Charité, un
nommé Albert L., qui jouissait à un haut degré de cette dernière
faculté, et qui, de plus, était dessinateur de profession ; de sorte
que, grâce à l'obligeance du docteur Luys, à qui je révélai cette
singulière propriété, nous fûmes l'un et l'autre en possession d'un
instrument de travail de beaucoup supérieur à celui dont se servaient mes prédécesseurs, puisque, au lieu de nous en rapporter
comme eux à des descriptions plus ou moins vagues, nous pouvions

obtenir des dessins, et même des peintures, auxquels le sujet avait
la facilité d'apporter toute la précision désirable, moyennant la pré-
caution de remettre de temps en temps ses yeux à l'état convenable,
état dans lequel M. Luys a fait constater, au moyen de l'ophthalmoscope, que le fond de l'œil présente un phénomène d'éréthisme
vasculaire extraphysiologique, et que les vaisseaux sanguins y ont
presque triplé de volume. »

26. Voici d'ailleurs comment Luys s'exprime au sujet de cet état
particulier, qui permet aux *sensitifs* de voir les effluves humains
(*Annales de Psychiatrie*, année 1872, page 193) :

« ..... Un procédé plus simple consiste à ne mettre seulement que
la rétine en état d'hypnotisation (le cerveau restant ainsi en dehors
de l'opération). Voici comment on procède : le sujet sensitif se
place devant l'opérateur, qui promène transversalement les deux
doigts au devant de ses yeux. Il se produit alors un état d'éréthisme
de la rétine, qui se caractérise à l'ophthalmoscope par une vascula-
risation instantanée, qui donne à la surface nerveuse une suractivité
extraphysiologique tout à fait spéciale. »

A la page 321 des mêmes *Annales*, le Dr Luys revient longuement
sur ce sujet.

27. Peut-on douter qu'il existe dans l'homme un fluide éthérique, d'une forme électrique ou électroïde quelconque, quand
nous voyons des animaux posséder cette propriété à un degré redou-
table? Toute une série de poissons foudroient à *distance* leur proie
ou leurs ennemis :

1° Toutes les espèces du genre *Mormyrus* L., du Nil et des fleuves
du Sénégal;

2° Le *Malaptérure* électrique, ou silure électrique, de la famille des
Malacoptérygiens abdominaux, comme les précédents, habitant
aussi le Nil et le Sénégal;

3° Le *Gymnote*, ou anguille électrique, des rivières et des bassins
d'eau douce de l'Amérique tropicale;

, 4° Le *Gymnarchus niloticus* Cuvier, de la famille des Malacopté-rygiens apodes. Il habite le Nil;

5° Sept genres de la famille des *Torpilles* (Torpedo. D.), compre-nant environ vingt espèces de l'ordre des Plagiostomes : ce sont les seuls poissons dont l'appareil électrique soit placé sur les côtés de la tête ;

6° Trente-cinq espèces du genre *Raie*, possédant l'appareil élec-trique ordinaire[1].

Nous verrons, d'ailleurs, plus loin (**41, 42**) quelques exemples de la puissance électrique (ou odo-électrique, etc., etc.) portée au plus haut degré.

Le lecteur qui serait curieux d'étudier cette partie spéciale de la physiologie de l'homme pourra lire les ouvrages suivants : *De l'Électricité du Corps humain dans l'état de Santé et de Maladie*, par l'abbé Bertholon, Paris, 1786, 2 vol. in-8° ; — et *Essai sur les phé-nomènes électriques des corps vivants, comprenant l'explication scientifique des phénomènes dits* SPIRITES, par S.-L. Fugairon, docteur ès sciences et docteur en médecine, Paris, 1894, in-12; Chamuel, éditeur.

Ce dernier ouvrage est surtout recommandable par la clarté de l'exposition, l'ingéniosité et la science des démonstrations ; nous allons en citer quelques passages, où, effectivement, le savant auteur décrit le marche de l'électricité dans le corps humain et établit qu'elle peut être inconsciente ou voulue ; produire, par conséquent, des phénomènes qui, pour si anormaux qu'ils puissent paraître aux yeux du vulgaire ou des personnes prévenues, n'en sont pas moins *absolument* NATURELS.

28. (*Essai sur les Phénomènes électriques*, etc., pages 55 et sui-vantes) :

« *L'électricité animale est sous l'influence de la volonté ou de l'imagination.* — La *cause psychique* qui est en nous ne produit ici ni la chaleur animale, ni l'électricité animale ; elle ne détermine

---

[1] *Dictionnaire encyclopédique des Sciences médicales*, par DECHAMBRE et LEREBOULLET, tome XXXIII, page 171 ; voir aussi *Comptes rendus*, tome XXII, page 821.

ni la translation de la matière, ni le mouvement d'association des molécules ; tout cela s'opère dans les êtres vivants par les mêmes causes et d'après les mêmes lois que dans le monde physique. Le principe de la conservation de l'énergie, du mouvement, qui régit la nature entière, la vérifie également chez les êtres organisés. Mais, si la *cause psychique* ne produit pas le mouvement, elle le modifie, elle le dirige suivant des idées, des images, des émotions, des désirs, et c'est ce pouvoir directeur qui différencie surtout les phénomènes *vitaux* des phénomènes purement *physico-chimiques*.

« Les mouvements électriques des êtres vivants sont donc dirigés comme tous les autres, *tantôt d'une manière inconsciente, tantôt d'une manière consciente;* ils peuvent être soumis à la volonté, ainsi que nous le vérifions à chaque instant dans les contractions musculaires, comme nous l'avons vu dans les décharges extérieures des poissons électriques (**27**). C'est là uniquement ce qui fait tout le merveilleux des phénomènes dus à l'électricité des êtres vivants. Supprimez dans ces phénomènes l'action de la *cause directrice*, et vous verrez qu'ils ne diffèrent pas, ou presque pas, des mêmes phénomènes dans les corps bruts.

« *La vitesse de propagation de l'électricité dans les conducteurs nerveux est beaucoup plus faible que celle du même fluide dans les conducteurs métalliques.* — De ce que la vitesse du fluide qui coule dans les nerfs est beaucoup moindre que celle du fluide qui coule dans les conducteurs métalliques de nos machines, la plupart de nos physiologistes concluent que l'innervation est due à une cause autre que l'électricité.

« Cette raison n'est pas d'un grand poids.

« 1° Si, dans un corps parfaitement bon conducteur, la vitesse de l'électricité est égale à celle de la lumière, il n'en est plus de même dans les corps mauvais conducteur, et la substance nerveuse est justement un conducteur imparfait,

« 2° En second lieu, il faut se rappeler que la résistance qu'un fil oppose au passage de l'électricité est en raison inverse de sa section. Le diamètre d'un tube nerveux n'étant au plus que de 0^m,00001, celui du *cylindre-axe* qui se trouve au milieu, et qui est le véritable conducteur, est encore plus faible. Or, si l'on pouvait obtenir un conducteur métallique d'un diamètre aussi faible, la vitesse de la propagation de l'électricité dans ce fil serait considérablement diminuée. A plus forte raison donc dans le *cylindre-axe*, qui est un conducteur imparfait.

« 3° Le conducteur nerveux se trouve dans les mêmes conditions que nos conducteurs sous-marins. Il consiste en un tube protecteur, ou gaîne, rempli d'un corps isolant, au centre duquel se trouve le cylindre-axe; or les fils sous-marins présentent le grand inconvénient du ralentissement de la propagation électrique, parce qu'ils forment avec le milieu ambiant un véritable condensateur, dans lequel l'électricité s'accumule en grande quantité avant de parvenir à l'extrémité opposée; il se produit des effets d'induction : il en est de même pour les nerfs, dont le milieu ambiant est la masse musculaire, au lieu d'être de l'eau.

« 4° Enfin il faut se rappeler que les filets nerveux sont vivants, d'une structure moléculaire compliquée, et qu'on ne peut les assimiler à de simples conducteurs bruts et formés d'une matière homogène.

« Les principales causes du ralentissement de l'électricité dans les corps étant connues, quelle est la vitesse du fluide dans ces conducteurs?... »

29. Le Dr Fugairon conclut, avec Helmholtz et Shelske, à une vitesse de 30 mètres par seconde en moyenne. Ainsi l'homme perçoit à l'aide du cerveau, en 1/15 de seconde, une piqûre qu'on lui fait à l'orteil; et une baleine de 30 mètres de longueur, si on la frappait à la queue, n'éprouverait de douleur qu'au bout d'une seconde. De son côté, Hirn, dans un mémoire présenté en 1867 à la Société Linnéenne de Maine-et-Loire, porte cette vitesse à 1.000 mètres par seconde. Continuons l'exposition de la théorie du Dr Fugairon :

30. « *Nature du courant nerveux; transport de molécules organiques.* — Les lois relatives à l'échauffement des fils traversés par le courant électrique sont inconciliables avec l'hypothèse d'un simple *mouvement vibratoire* des conducteurs, de sorte qu'on est forcé de regarder le courant comme un véritable flux de matière dans le fil conducteur. Ce flux n'est pas uniquement composé de matière impondérable ; il entraîne avec lui des molécules de matière pesante.

« D'un autre côté les actions chimiques doivent toujours être précédées d'une raréfaction, d'un mouvement, d'une expansion de la matière ; une certaine raréfaction de celle-ci est une préparation indispensable aux actions chimiques pour tous les corps. La diffusion ou la sublimation de la matière est facilitée par l'action chimique, cette dernière écartant, supprimant les parties dont la présence continue arrêterait la diffusion des molécules, en formant autour d'elles une espèce d'atmosphère qui empêcherait la désagrégation des molécules restantes [1].

« Or, dans les corps vivants, les combinaisons et les décompositions chimiques étant incessantes, la diffusion des molécules organiques doit y être très grande, et le flux électrique doit transporter avec lui une bien plus forte proportion de matière pondérable que dans les corps bruts.

« On peut donc être certain que le courant électrique qui circule dans le corps est composé, en outre du fluide impondérable, d'une certaine quantité de matière organique portée à un haut degré d'atténuation. »

31. Qu'est-ce que cette *matière organique*, — cette MATIÈRE, en définitive, car il n'y en a qu'une, — réduite à un état intermédiaire entre le troisième (*gaz*) et le quatrième (*état radiant*)?... N'est-ce pas l'éther condensé à un degré quelconque (3 à **10**), puisque l'éther est l'état primordial de la matière ?

Cette matière organique portée à un haut degré d'atténuation n'est-elle pas constituante des effluves du prince Aksakof (**18**), qui sont saisis par la plaque sensible avant même l'image des personnes dont ils émanent ?...

Le cerveau, foyer d'électricité et siège de la direction consciente ou inconsciente donnée à ce fluide, et le faisant s'accumuler ici ou là, suivant les circonstances fortuites d'émotion ou une volonté déterminée, ne peut-il condenser et projeter à distance, — comme

---

[1] SECCHI, *Unité des Forces physiques*, V, 71.

font les poissons électriques, — une masse d'éther combinée à la matière organique raréfiée?... Et, grâce aux propriétés encore occultes pour nous de ce mélange soumis à l'action intense et mystérieuse du cerveau, ce dernier, par une puissante volonté, ne peut-il produire les faits rapportés par Seguin aîné (23), comme tous les faits similaires connus aujourd'hui de tout le monde, les faits de lévitation chez *Home* et chez tant d'autres, les faits non moins étranges que la présence seule d'*Angélique* Cottin, âgée de 13 ans, déterminait dans des corps inertes, bruts, d'un poids vingt fois supérieur à celui de cette enfant?

L'ouvrage de M. le Dr Fugairon est très documenté et très curieux à lire à ce propos. Il jette un certain jour sur ces troublantes matières.

CHAPITRE IV

Opinion d'Ed. William Cox sur le fluide humain. — Théorie de M. Chevillard sur le phénomène des tables parlant sous l'influence du fluide vital. — Dr Philip Davis ; confidences que lui fait Home relativement aux esprits avec lesquels, sa vie durant, il avait prétendu être en relation. — Louis Jacoliot : les Fakirs indiens. — Personnes exceptionnellement douées de la faculté odo-électrique. — Angélique Cottin. — Examen de cette jeune fille par une Commission de l'Académie des Sciences. — Biot et le *briquet atmosphérique.*

32. Nous avons donné plus haut (**12** à **21**, etc.), selon les occultistes, l'explication des phénomènes produits par le fluide aux noms si nombreux : fluide astral, odique, électrique, électroïde, éthérique, etc., etc. Laissons maintenant la parole à ceux qui, en dehors de toute préoccupation d'ordre extra-naturel et spiritualiste, cherchent seulement dans l'ordre immuable des lois de la nature le pourquoi de ces phénomènes.

Voici ce qu'écrivait à Williams Crookes le savant Ed.-Will. Cox, à la suite d'expériences concluantes, sur une force inconnue, auxquelles l'avait fait assister l'illustre chimiste :

« 36, Russell-Square, 8 juin 1871.

« Cher Monsieur,

« Etant présent, dans un but de recherches, aux expériences d'essai relatées dans votre article, j'apporte avec empressement mon témoignage en faveur de la parfaite exactitude de la description que vous en avez faite et des précautions et du soin avec lesquels furent accomplies les différentes épreuves.

« Les résultats me paraissent établir d'une manière concluante ce fait important : *qu'il y a une force qui procède du système nerveux, et qui est capable, dans la sphère de son influence, de donner aux corps solides du mouvement et du poids.*

« J'ai constaté que cette force était émise *par pulsations inter-mittentes,* et non pas sous la forme d'une pression fixe et continue, car l'index (*du dynamomètre employé dans les expériences*) montait et baissait incessamment. Ce fait me semble d'une grande importance, parce qu'il tend à confirmer l'opinion qui lui donne pour source l'organisation nerveuse, et il contribue beaucoup à asseoir l'impor-tante découverte du Dᵣ Richardson d'une *atmosphère nerveuse d'intensité variable enveloppant le corps humain* (**45**).

« Vos expériences confirment entièrement la conclusion à laquelle est arrivé le Comité de la « Dialectical Society » après plus de quarante séances d'essais et d'épreuves.

« Permettez-moi d'ajouter que je ne vois rien qui puisse même tendre à prouver que cette force est autre chose qu'*une force éma-nant d'une organisation humaine* (**28**), ou du moins s'y rattachant directement, et qu'en conséquence, *comme toutes les autres forces de la nature,* elle est pleinement du ressort de cette rigoureuse recherche scientifique, à laquelle vous avez été le premier à la soumettre.

« La psychologie est une branche de la science qui a été jusqu'ici presque entièrement inexplorée ; et cette négligence doit être pro-bablement attribuée à ce fait qui semble étrange, que l'existence de cette force nerveuse soit demeurée si longtemps sans être étudiée, examinée, et soit à peine constatée.

« Edwd.-W. Cox. »

Le savant membre de la Société Royale oubliait sans doute que cette même force, — *toute naturelle,* comme il le dit d'ailleurs, — avait été constatée, examinée et étudiée par les prêtres des antiques divinités de paganisme, qui en faisaient couramment usage dans les mystères de leurs temples. Mais nous ne pouvons ici nous étendre sur ce sujet, sous peine de sortir du cadre étroit dans lequel nous devons nous renfermer.

Voici maintenant comment M. Chevillard explique scientifique-ment le phénomène dont il s'agit[1] :

---

[1] *Etudes expérimentales sur le Fluide nerveux, et Solution rationnelle du Problème spirite,* par A. Chevillard, Paris, 1882, in-8°, pages 27 et suivantes ; Dentu, éditeur.

33. « Plusieurs personnes s'assoient autour d'une table et y appliquent les paumes des mains étendues. Après un temps ordinairement court, on entend des *craquements* dans le bois. Un silence a lieu. Des *battements* réguliers très nets, comme des coups de doigts, comme des gouttes sonores, se font ensuite entendre. Selon les adeptes, ce sont les esprits présents qui donnent leur nombre. On dispose un alphabet ordinairement circulaire ; une personne interroge à haute voix en suivant l'alphabet avec un crayon ; à chaque tour d'alphabet, on entend un battement sur la table. Quelqu'un écrit à ce moment la lettre qui se trouve sous le crayon, et la réunion de ces lettres forme des phrases, indiquant la réponse de l'*esprit* dit *frappeur*, qui signe ensuite son nom de la même manière.

« Un mot est souvent deviné par ses premières lettres : une personne l'achève de vive voix, et l'on entend un coup battu ou plusieurs, pour indiquer que le mot est bien ou mal trouvé. Dans ce dernier cas on recommence, et ainsi de suite.

« La personne qui prétend amener ces battements s'appelle le *médium*, parce qu'elle se dit intermédiaire entre l'esprit consulté, *qui censément les frappe*, et la personne qui évoque. On comprend bien que la question n'est pas d'examiner ce que la table dit. Ce genre de contrôle n'amènerait rien de définitif ; la question à résoudre est d'examiner *comment elle le dit*, car c'est là qu'on doit trouver le critérium de la révélation, ce critérium invariable, quoique la réponse tabulaire change sans cesse.

« Beaucoup de médecins préfèrent nier ce phénomène remarquable plutôt que de le contrôler. Car il faudrait ensuite l'expliquer. D'autres admettent l'ineptie d'une interprétation par un *muscle* dit *craqueur*. Williams Crookes, de la Société royale de Londres, a soumis à des vérifications scrupuleuses plusieurs phénomènes curieux, dits *spirites*, publiés pour la première fois en 1870 dans le *Quaterly Journal of Science ;* mais c'est celui-ci que je préfère étudier d'abord, parce qu'il représente les faits dont il s'agit à l'état naissant, pour ainsi dire.

« Qu'on appelle *force psychique* avec M. Crookes, *agent* ou *fluide nerveux, force neurique* avec d'autres, l'agent ou le moteur dont le médium dispose, ce n'est pas dans la dénomination de cet agent, c'est dans l'explication de son mode d'action le plus élémentaire qu'on trouvera le secret de la théorie générale des faits dits *spirites;* de même que c'est dans la théorie du mode d'action le plus simple des agents électriques qu'on trouve le point de départ des lois de ces faits, sans que la cause première en soit réellement plus connue, ou même sans qu'il y ait nécessité de la connaître. Je vais donner l'explication très naturelle, selon moi, du phénomène actuel, que j'appelle *névrostatique* quant à la cause physiologique, *typtologique* quant à la forme visible du résultat [1].

34. « *Craquements du bois; battements, ou gouttes nerveuses; interprétation du public.* — Les craquements dans le bois proviennent évidemment des inégales dilatations des fibres, résultant de la chaleur des mains imposées. Ces craquements n'ont plus lieu quand on recommence l'expérience, parce que les diverses parties de la table se sont mises en équilibre définitif de température. J'ai souvent vérifié ce fait.

« Quant aux battements tabulaires, ou coups dits typtologiques, ils sont d'une nature bien différente, puisqu'ils sont à la volonté du médium, comme on va le voir, et ils se reproduisent au fur et à mesure des expériences, après une première attente, et quelquefois ils cessent, parce que le médium est épuisé ou paralysé par la raillerie d'un assistant. Il le dit, et on verra qu'il a raison. Je vais montrer cependant que ces battements, paraissant comme produits par des doigts invisibles, sont frappés par le médium, qui pense et amène chaque lettre successivement pour former le mot qu'il veut, et qu'il bat lui-même les coups d'approbation ou de désapprobation, quand on achève de vive voix un mot commencé.

« Les personnes qui entendent frapper ces lettres en attribuent la venue à l'action des esprits qu'elles croient dans la salle, et le tour se trouve exécuté, tour d'autant plus curieux que tout le monde, sans exception, y est trompé, mais non pas dans la même mesure ; car les assistants ne savent pas que le médium est obligé de penser séparément d'abord un mot, puis chaque lettre pour faire le mot ; tandis que celui-ci connaît bien cette obligation, qu'il cache

---

[1] Τύπτω, *je frappe.*

pour se grandir, — mais sans se douter le moins du monde de la raison physiologique qui l'y contraint. »

35. « *Probabilité que le soi-disant médium bat les coups lui-même ; expérience personnelle.* — J'ai remarqué d'abord que le soi-disant médium ne quittait pas l'alphabet des yeux ; que, lorsqu'il était intelligent, les réponses l'étaient aussi (chez M. P..., le médium était M⁰⁰ D..., sa bonne, puissante médium d'une stupidité remarquable, les réponses n'étaient jamais que *oui*, un coup, *non*, deux coups, et des nombres) ; que, si le médium était instruit ou spirituel, les réponses avaient le même caractère ; que toujours un médium intelligent faisait venir des réponses consolantes pour le consultant affligé, ou flatteuses pour son amour-propre, ou ambiguës en cas de prévision difficile.

« La théorie médianimique, enseignant que le médium dégage un fluide par lequel l'esprit s'animalise pour frapper, est obligée d'admettre, selon les cas, tantôt que le fluide d'un médium stupide stupidifie l'esprit le plus intelligent, tantôt le principe inverse ; ou bien que tel esprit a progressé depuis la mort du corps ; en général, qu'un esprit évoqué ne peut parler que par l'intermédiaire d'un médium de même *calibre intellectuel* que lui ; qu'on n'est jamais sûr de l'identité d'un esprit, parce qu'un autre esprit peut prendre sa place et son nom, etc. [1].

« Tout cela me donnant une bien pauvre idée du monde des esprits (**20, 21**), je pensai que le mot de Buffon : *le style, c'est l'homme*, pris ici à la lettre, était sans doute la clef de ce mystère, c'est-à-dire que le médium était tout simplement l'auteur perpétuel des réponses. J'en suis devenu presque convaincu lorsque, seul, chez moi, posant les mains sur une petite table en bois non verni, et tendant fortement ma pensée vers une idée grave, absorbante, je suis arrivé, *après trois semaines d'essais très pénibles*, à produire

---

[1] Ajoutons que, DANS LA MÊME SÉANCE, l'esprit de Voltaire, par exemple, s'exprimera comme un charretier, si le médium (ou simplement l'opérateur) appartient à cette classe sociale ou toute autre similaire ; et, dix minutes après, comme un homme du monde, si l'évocateur est une personne distinguée, instruite, bien élevée. A quelle classe de la société appartenait le *médium voyant* dont parle Allan Kardec aux paragraphes 20 et 21 ?...

                                            N. de l'A.

des battements paraissant comme articulés. Ils avaient quelque
chose de plein, de limpide, qui les distinguait parfaitement des
craquements antérieurs que j'appellerai rugueux, et dont j'ai dit la
cause (34). D'ailleurs ils étaient *volontaires !* Ces battements, ou
gouttes nerveuses, portaient parfaitement le caractère, soit de ma
satisfaction par leur rapidité, soit de l'hésitation quand je doutais
ou m'inquiétais, soit de la régularité quand j'avais une conviction
tranquille.

« Suivant l'alphabet d'une main, *lorsque mon autre main reposait sur la table*, je n'obtenais que des lettres sans aucun sens, parce
que ma volonté n'était pas, bien entendu, de me donner un mot
a priori, c'est-à-dire de me duper moi-même. Mais j'affirme que
*tout battement désiré, isolément et non comme lettre, arrivait seul
et très nettement*. Deux battements désirés successivement arrivaient
de même ; trois de même. Et je ferai remarquer que je répétai cette
expérience, qui me fatiguait beaucoup, devant plusieurs personnes
qui la constatèrent avec moi, sans qu'elles pussent la reproduire
elles-mêmes[1]. Je n'hésite pas à dire que ce fait singulier m'a
inquiété jusqu'au moment où j'ai pu me démontrer que JE ME
RÉPONDAIS A MOI-MÊME, SANS M'EN DOUTER.

36. « *Comment je reconnais l'intégration du mouvement vibratoire en choc mécanique de l'agent nerveux.* — Ce qui m'a mis
enfin tout à fait sur la route de la vérité, c'est d'avoir observé dans
les expériences tabulaires faites chez M. P..., où la table était
grande, en bois blanc, sec et non verni, comme un frôlement titil-
latif très net sous ma main, comme une espèce d'*aura* fraîche et
caressante, sentie également par tous les assistants quelques
secondes avant les battements typtologiques ; et surtout d'avoir
aperçu que cette impression, ou vibration générale, cessait *chaque
fois et en même temps* qu'un battement avait lieu. La première fois
que je sentis cette impression, je m'en inquiétai tout haut, et les
habitués du cercle me répondirent : « C'est le souffle qui annonce
la présence de l'esprit. »

[1] Faute d'entraînement, d'exercice, évidemment.

N. de l'A.

« Chez Mme F..., j'ai eu l'occasion de faire remarquer que la chaise du médium C... avait ce mouvement vibratoire (**42**) avec une intensité considérable, et qu'il n'existait pas dans les autres chaises. Le Dr F..., adonné à la foi spirite, n'en a rien conclu. A chaque battement tabulaire, je remarquais, debout derrière le médium, que les vibrations de sa chaise s'anéantissaient pendant le même instant. Assis à la table, je faisais de nouveau la même remarque sur la disparition instantanée des vibrations tabulaires et sur leur retour.

« L'observation des vibrations générales s'éteignant à chaque coup battu, et renaissant ensuite, fut pour moi un trait de lumière ; je suis le premier qui ait signalé cette observation importante. J'ai compris qu'il y avait actuellement *transformation ou contraction, ou mieux encore intégration du mouvement vibratoire général en choc mécanique*, à chaque coup battu, et cela, par le seul fait de la satisfaction spontanée du médium (**39**). Je conçois la vibration comme une différentielle de l'action nerveuse ou de l'électricité animale (**28, 41, 42**), existant *a priori* dans tous les phénomènes réels dits *spirites*.

« Il arrive ici, du reste, un effet des plus connus en mécanique. Jamais un mouvement, jamais une force ne s'éteint brusquement ; il n'y a que des transformations. Dans les expériences de tir d'artillerie, le mouvement rectiligne du boulet qui frappe une plaque de fonte se transforme en *mouvement vibratoire* calorifique et même lumineux, par le choc écrasant partiellement le boulet sur la plaque... C'est une loi invariable, vraie dans l'infiniment petit comme dans l'infiniment grand, complètement indépendante des circonstances au milieu desquelles la transformation se manifeste et de l'intermédiaire employé pour la réaliser.

« Nous verrons plus loin que les autres phénomènes *vrais*, prétendus *spirites*, ne sont que des conséquences diverses de la loi de transformation mécanique du MOUVEMENT VIBRATOIRE NERVEUX.

. . . .

« Dans le cas actuel, la table est véritablement magnétisée par l'émission du médium (*de l'opérateur*) ; et le mot *magnétisé* n'a d'autre sens que de faire entendre qu'elle est couverte, ou imprégnée de *fluide nerveux vibrant*, c'est-à-dire VITAL, du médium, après l'équilibre préalable de la température (**34**).

« La table est alors comme un harmonica qui attend le coup de
marteau de la pensée de celui qui l'a imprégnée. Le médium désire
un coup au moment qu'il va fixer, en regardant attentivement le
crayon courir sur l'alphabet, et ce désir, en arrivant subitement au
maximum à l'instant venu, et s'éteignant aussitôt, engendre un
choc cérébral, comme une détente, qui se répercute immédiatement
par les trajets nerveux sur la surface tabulaire vibrante (40).

« Le coup résonne en intégrant sur un point les vibrations de la
table par un fort éclat, *ou étincelle obscure* appelée vulgairement
battement, dont le bruit est la conséquence de cette condensation ou
contraction instantanée, faite dans l'air ambiant. L'agent de cette
transmission nerveuse ou électrique animale entre le cerveau et la
table n'est assurément pas plus intelligent en soi que l'agent de la
transmission électrique entre deux stations télégraphiques. »

37. Pour en revenir à ce que nous disons dans les paragraphes 3
à 10, relativement à l'éther, qui n'est autre chose que de l'électricité,
du magnétisme, du mouvement, en un mot, cet éther constitue bien
la matière primordiale, puisque, à l'état de condensation et de
canalisation où l'on met l'influence du cerveau humain, sa dilatation subite, sa *transformation de mouvement*, produit un bruit plus
ou moins fort. La matière seule peut produire un choc physique,
un bruit quelconque.

38. Veut-on maintenant lire les aveux du célèbre médium
Home[1], dont la réputation fut européenne, touchant la participation
des esprits aux phénomènes tout naturels qu'il produisait lui-même
avec une aussi extraordinaire facilité?

[1] Home (Daniel Douglas) est né aux îles Orcades en 1835 et est mort à Auteuil en
1886. Il fut élevé en Amérique et, dès l'âge de quatre ans, disent les biographes, il possédait le don de la double vue; quand il fut plus âgé, son pouvoir fluidique atteignit
un degré considérable; par la seule force de sa volonté, les corps pesants, les meubles,
se mettaient en mouvement et se transportaient d'un bout d'une pièce à l'autre, etc., etc.
Dans les premiers temps où le Dr Davis fit sa connaissance, dans un salon où le
médium, immobile, faisait manœuvrer chaises et tables autour de lui, le docteur lui
demanda quelle explication il donnait lui-même de l'incroyable puissance dont il
jouissait : « Je ne suis qu'un instrument inconscient, répondit-il ; *les esprits se servent
de mon fluide pour se manifester, communiquer avec les hommes et faire connaître
leur pouvoir.* » On va voir plus loin ce qu'il pensait du spiritisme.

Voici ce que raconte un de ses amis, le Dr *Philip* Davis, dans son livre intitulé : *la Fin du Monde des Esprits; le Spiritisme devant la Raison et la Science* (Paris, 1887, in-12, page, 286; librairie illustrée, rue Saint-Joseph, 8) :

« ... Je vais maintenant donner la parole à Home, le grand médium qui fut mon ami pendant plus de vingt-cinq années; les hasards de la vie, les enivrements du triomphe, de lointains voyages, nous séparèrent souvent; mais il me retrouva toujours aux heures tristes de la souffrance et de l'abandon. Il est mort jeune, à peine âgé de cinquante et un ans, brisé par les secousses nerveuses et les commotions célébrales que lui imposaient son existence de médium et la production journalière des plus étonnants phénomènes que la force psychique ait pu engendrer.

« Il est mort aussi d'une pensée qui le rongea toute sa vie. Car c'était un grand orgueilleux qui avait de hautes aspirations. Lui, le descendant du célèbre philosophe écossais David Home, il souffrait à moins de se sentir traiter partout comme un charlatan et des vains efforts qu'il avait faits pour *faire croire à une mission* que personne n'avait jamais voulu prendre au sérieux.

« Oui! je vais lui donner la parole pour qu'il dise le dernier mot sur une question qu'il a mieux connue que personne, et dont il eût bien voulu emporter le secret dans la tombe pour laisser comme une mystérieuse auréole autour de son nom.

« Nous causions un soir, quelque temps avant sa mort, du seul sujet qui avait intéressé sa vie, et, chose étonnante, plus il s'affaiblissait, plus la force fluidique avait chez lui des retours de puissance extraordinaire, et il aimait à en faire parade pour s'abuser lui-même sur son état. Il ne pouvait se dissimuler qu'il s'en allait lentement, mais aussi sûrement que le voyageur qui aperçoit déjà dans le lointain la silhouette du village où il va se coucher le soir ; mais il ne voulait pas y croire.

39. « Ce soir-là donc, las de causer, il s'était approché de la table, et posant ses mains, devenues diaphanes à force d'être amaigries, il me dit :

« — Je viens voir combien de temps les esprits me laissent encore à vivre.

« — Et de toutes parts les coups frappés retentissaient dans la table, tantôt comme un roulement de tonnerre, tantôt comme un crépitement de mitrailleuse.

« — A quoi bon, lui dis-je en lui touchant le front légèrement du doigt. Est-ce que vous ne savez pas à quoi vous en tenir sur l'existence réelle de ces esprits, qui n'ont jamais existé que par la puissance de cet admirable cerveau, qui dit à la matière inerte : « Fais ceci ! » et à qui la matière inerte obéit ?... L'antiquité vous eût mis au nom... e des demi-dieux !

« Je savais comment le prendre, et cette flatterie lui plut, car il me répondit :

40. « *C'est vrai, après tout, que cette foule d'esprits devant lesquels s'agenouillent les âmes crédules et superstitieuses n'ont jamais existé! Pour moi, du moins, je ne les ai jamais rencontrés sur mon chemin. Je m'en suis servi pour faire donner à mes expériences cette apparence de mystère qui, de tout temps, a plu aux masses et surtout aux femmes; mais je n'ai point cru à leur intervention dans les phénomènes que je produisais et que chacun attribuait à des influences d'outre-tombe. Comment pouvais-je y croire? J'ai toujours fait dire aux objets que j'influençais de mon fluide tout ce qui me plaisait, et quand cela me plaisait (36)! Non, un médium ne peut pas croire aux esprits! C'est même le seul qui n'y puisse jamais croire! Comme l'ancien Druide qui se cachait dans un chêne pour faire entendre la voix redoutée de Teutatès, le médium ne peut pas croire à des êtres qui n'existent que par sa seule volonté! »*

« Après avoir prononcé ces paroles avec effort, et comme s'il se parlait à lui-même, il se tut, et pendant quelques instants, l'œil perdu dans le vague, il sembla s'absorber dans ses réflexions...

« Et moi, j'avais sténographié ses paroles pour conserver la forme qu'il leur avait donnée... Homme reniant les esprits quelques mois avant sa mort, n'était-ce pas le glas du spiritisme sonné par celui qui avait le plus contribué à le fonder ?

« Quand il revint à lui, il avait nettement conservé la notion de ce qu'il m'avait dit, car, me prenant la main, il murmura :

« — N'imprimez pas cela avant que je ne sois plus...

« Et il retomba dans une de ces somnolences fluidiques qui semblaient déjà le transporter dans l'inconnu... Et je lui ai tenu parole ! Car, lorsque ce livre paraîtra[1], il y aura déjà quelques printemps que l'herbe poussera sur la tombe du grand médium, qui fut un grand désespéré. »

11. Les personnes qui possèdent ou ont possédé la puissance fluidique de ce célèbre médium sont nombreuses ; les fakirs indiens, par un entraînement qui commence dès le jeune âge, l'acquièrent à un degré inouï, et le célèbre indianiste et philosophe Louis Jacoliot, l'auteur de la *Bible dans l'Inde*, qui fut pendant vingt ans consul à la cour de Pondichéry, cite à ce sujet des faits extraordinaires, des faits incroyables, tant ils surpassent tout ce que l'imagination peut rêver, et dont pourtant il était journellement témoin.

Mais nous n'avons vu jusqu'à présent que des individus ayant conscience du fluide vital, du fluide odique, électrique, etc., développé plus ou moins dans leur organisme, et le mettant volontairement en jeu ; disons quelques mots de ceux chez qui il se développe d'une manière parfois formidable, à leur insu, et sans qu'ils fassent quoi que ce soit pour en provoquer les manifestations. Dans son livre sur l'*Extériorisation de la Motricité* (Paris, in-12, pages 429 et suivantes), M. de Rochas en donne de curieux exemples ; ou peut y lire le cas d'une femme de trente ans, qui, pendant une aurore boréale, devint subitement électrique et conserva cette propriété pendant deux mois et demi : il lui partait des doigts quatre fois par minute des étincelles de 3 centimètres de longueur lorsqu'elle les approchait d'un corps métallique.

Le Libéral du Nord, du 4 avril 1837, annonçait qu'une femme venait d'accoucher, la veille, d'un enfant qui, semblable à la torpille, avait donné une commotion au médecin qui le mettait au monde. Il conserva sa propriété électrique pendant vingt-quatre heures, et avec assez d'intensité pour que le médecin pût charger une bouteille de Leyde, tirer des étincelles, et faire diverses autres expériences.

[1] 1887.

Le Petit Moniteur universel du Soir, du 8 mars 1869, parle d'un autre petit enfant, qui ne vécut que neuf mois, et dont le corps était *entouré d'un effluve lumineux bleuâtre;* des objets relativement légers, une cuiller, un couteau, trépidaient quand ils étaient à portée de ses mains ou de ses pieds. Il mourut en dégageant une lueur plus vive.

Cornelius Agrippa (Lettre XLIX, livre II) parle d'un fait semblable dont il eut connaissance par un de ses amis, Jehan Rougier, curé de Sainte-Croix, à Metz; le neveu de ce dernier, tétant sa mère, parut tout à coup environné de flammes; le sein qu'il tenait était lui-même lumineux; ni la mère ni l'enfant n'éprouvèrent aucune sensation appréciable de ce violent afflux électrique; Virgile nous raconte le même phénomène survenu au jeune Jule au berceau.

L'Echo de l'Orient, du 9 mars 1839, rapporte le fait suivant, qui eut lieu à Smyrne : deux jeunes filles étaient douées de la faculté odo-électrique à un tel degré qu'on entendait, dans la chambre où elles se trouvaient en compagnie de nombreuses personnes, de vifs craquements, des coups dans les murailles, des détonations, etc. Une lourde table se mouvait et suivait l'une des jeunes filles quand elle s'écartait; l'une d'elles était électrisée positivement, et l'autre négativement.

Dans son *Enquête sur l'Authenticité des Phénomènes électriques d'Angélique Cottin* (Paris, 1845, in-8°, Pièce), le Dr Tanchou donne des détails extraordinairement curieux sur cette jeune fille, douée au plus haut degré de la faculté *électro-odique;* nous employons ce mot à dessin, car l'électricité statique de nos machines de cabinets de physique, pas plus que nos dynamos, ne sont capables de produire des effets de ce genre.

Que l'on charge une machine statique jusqu'au point où la tension est tellement forte qu'on entend de tous côtés les crépitations du fluide prêt à jaillir en violentes étincelles sur le corps qu'on approchera d'un point quelconque des conducteurs; qu'on mette dix, quinze de ces puissantes machines dans une enceinte quelconque; les meubles, quelque légers qu'ils soient, les objets placés à une certaine distance (distance limite de l'éclatement de l'étincelle), ne bougeront pas. Les chaises, les tabourets, les plumes, le papier, les livres, etc., qui se trouvent dans un hall où vingt, trente dynamos sont actionnées par la vapeur et fournissent de redoutables masses d'électricité sont, dans le même cas, immobiles.

12. Or Angélique Cottin, âgée de treize ans, ne pouvait s'approcher de sa chaise sans que celle-ci ne s'agitât violemment et ne fût parfois projetée au loin ; quand elle pénétrait dans sa chambre, un frémissement général agitait le mobilier, les ustensiles, etc. On la fit approcher, un jour, d'un pétrin trop lourd pour que deux hommes pussent facilement le transporter : au contact des vêtements de l'enfant, le meuble pesant se souleva en violents soubresauts... Un de ces énormes lits de campagne, véritables monuments où les générations rurales naissent et meurent tour à tour, craqua dans toutes ses membrures quand la jeune fille s'approcha pour se coucher et fit plusieurs oscillations, qui eussent nécessité, pour les obtenir, les efforts réunis de plusieurs hommes robustes ; le fluide s'échappait si abondamment des mains et des coudes d'Angélique que les chandelles s'éteignaient brusquement à son approche. Et ces phénomènes extraordinaires acquéraient une intensité inouïe quand elle se trouvait chez elle, tous les objets y étant naturellement saturés du fluide sécrété par son organisme.

Le D' Tanchou porta ces faits à la connaissance de l'Académie des Sciences ; la jeune fille fut appelée, et, à l'observatoire, Arago fut témoin lui-même de plusieurs expériences dénotant le pouvoir possédé par Angélique. La communication du D' Tanchou est du 16 février 1846 (*Comptes rendus*, tome XXII, page 306). Arago se rendit ensuite chez les parents de la jeune fille, à Bouvigny (Orne), les questionna, voulut expérimenter à nouveau, mais n'obtint que quelques phénomènes de peu d'importance, sa présence et celle des personnes qui l'accompagnaient ayant peut-être effrayé la petite paysanne et lui ayant fait perdre momentanément ses facultés électro-odiques. Néanmoins il demanda à l'Académie de nommer une Commission pour étudier ces faits extraordinaires.

Cette commission fut ainsi composée : ARAGO, BECQUEREL, GEOFFROY-SAINT-HILAIRE, BABINET, RAYER et PARISET.

Entre temps, dans la séance du 2 mars suivant, le D' Tanchou annonçait à l'Académie qu'il avait vainement essayé, le 19 et le 24 février précédents, de retrouver chez la jeune Angélique Cottin les manifestations électriques des 13 et 14 du même mois (*Comptes rendus*, tome XXII, page 377).

Enfin, dans la séance du lundi, 9 mars 1846, la Commission fit son rapport à l'Académie des Sciences. Elle concluait à une mystification : Mme Cottin n'a rien fait ; Mme Cottin n'est pas le moins du monde électrique ; Mme Cottin n'a réussi qu'à faire beaucoup de bruit en s'asseyant sur les chaises et à agiter beaucoup celles-ci. Le rapport concluait ainsi : « La Commission annonça, sans détour, que ses recherches tendraient à découvrir la part que *certaines manœuvres habiles et cachées des pieds ou des mains* pouvaient avoir eu dans le fait observé[1]. A partir de ce moment, il nous fut déclaré que la jeune fille avait perdu ses facultés attractives et répulsives, et que nous serions prévenus aussitôt qu'elles se représenteraient. Bien des jours se sont écoulés depuis lors, et la Commission n'a point reçu d'avertissement. Nous avons appris, cependant, que Mme Angélique Cottin est journellement conduite dans des salons, où elle répète ses expériences. Après avoir pesé toutes ces circonstances, la Commission est d'avis que les communications transmises à l'Académie au sujet de Mme Angélique Cottin doivent être considérées comme non avenues (*Comptes rendus*, tome XXII, page 415).

Naturellement, le ton cassant, comminatoire même, de cette note produisit un effet déplorable. Des protestations et des polémiques se produisirent de tous côtés : MM. Tanchou, médecin ; Ch. Lafontaine, célèbre magnétiseur ; Beaumont-Chardon, médecin ; de Farémont, riche propriétaire et homme fort sérieux, s'intéressant particulièrement à la jeune fille ; Ollivier, ingénieur des ponts et chaussées, etc., ne voulurent pas se laisser traiter de... naïfs, pas plus d'ailleurs que les deux ou trois cents témoins des phénomènes extraordinaires que produisait, — bien malgré elle, hélas ! car elle en souffrait beaucoup, — la jeune Cottin. Mais la Commission avait son siège fait. Il est probable que les honorables savants qui la composaient avaient voulu expérimenter sur la jeune fille comme

---

[1] Il n'en fallait pas davantage, évidemment, pour que la jeune paysanne, vivement impressionnée devant le docte et menaçant aréopage, perdît, au moins en grande partie, la tranquillité d'esprit, le calme dont elle jouissait dans son milieu habituel. Rien d'étonnant, dès lors, à cette annihilation partielle de ses facultés.

sur une machine Ramsden ou une machine Van Marum, les seules
connues alors. Mais ces machines de verre et de cuivre, qui, placées
dans certaines conditions et manœuvrées de certaine manière,
donnent *toujours* des dégagements d'électricité, ne pouvaient être
assimilées à un être humain, fait de muscles, de nerfs et de substance cérébrale, dans lequel circulent divers liquides, et qui, en
outre, est le siège de continuelles compositions ou décompositions
chimiques. Ce corps humain est soumis à une foule d'influences
inconnues des corps inertes. N'eût-il pas été plus simple de soumettre la jeune fille à une surveillance étroite qu'elle eût ignorée
et qui, par conséquent, l'eût laissée en possession de son état d'esprit
et de corps habituel? L'électricité des machines et celle du corps
humain sont-elles semblables? Évidemment non (*11, à la fin*).

Par conséquent la Commission n'ayant pas réussi dans ses expériences, mal instituées certainement, les nombreux phénomènes
dûment constatés par une foule d'hommes intelligents et de bonne
foi étaient controuvés. On l'avait abusée par *certaines manœuvres
habiles des pieds et des mains*, etc.

C'était plutôt dur.

43. Et cela nous remet en mémoire l'histoire de l'invention du
briquet à air, qui ne fut pas à l'avantage de Biot. Cette petite
aventure du célèbre physicien est bonne à rappeler, — à rappeler ici
précisément. C'est le professeur de physique et aéronaute Robertson
qui la rapporte dans les *Mémoires récréatifs, scientifiques et anec-
dotiques* (Paris, 1840, 2 vol. in 8°, tome II, page 102).

« ... Les résultats ne furent pas les mêmes, ce qui n'a rien
d'étonnant pour ceux qui savent que l'on peut être très savant en
théorie dans les sciences physiques, et très peu propre à faire les
expériences, sans lesquelles pourtant la théorie est vaine, puisqu'elle
ne peut être bien fondée que sur des faits bien constatés. M. Brisson
en avait souvent donné des preuves, et M. Biot lui-même en a
fourni quelques-unes, par exemple dans un fait dont j'ai pleine
mémoire, et que voici :

« M. Pictet, de Genève, associé correspondant de l'Institut, avait
lu, dans une des séances de la classe des sciences, une lettre de

M. Molet, professeur de physique à Lyon. Il lui mandait qu'ayant appris d'un ouvrier armurier que, par une forte compression de l'air dans le canon d'un fusil, le feu avait pris au chiffon qui bouchait la lumière, il avait fait répéter l'expérience, et qu'on avait constamment obtenu l'effet énoncé. Ce fait était nouveau pour les physiciens de la classe ; M. Biot fut chargé de répéter l'expérience, car il était de règle, parmi ces messieurs, qu'il y aurait de vrai que ce que l'un d'entre eux aurait reconnu tel [1].

« Je ne sais comment s'y prit l'expérimentateur ; mais l'expérience ne réussit pas, et *il fut décidé que le professeur Molet s'était fait illusion ; ce* qui n'empêche pas que, peu de temps après cette décision, *on vit vendre sur le Pont-Neuf de nouveaux briquets qu'on appelait* BRIQUETS PNEUMATIQUES, *parce qu'ils servaient à allumer l'amadou par la seule compression de l'air...* »

---

[1] *Nul n'aura de l'esprit, hors nous et nos amis* (Molière, *les Femmes savantes*, acte III).

PHOTOGRAPHIE DES EFFLUVES HUMAINS

———

CHAPITRE PREMIER

Lumière noire émise par des êtres organisés ; expériences du Dr Gustave
Lebon. — Expériences du Dr Baraduc sur la force vitale. — Magnétomètre de
l'abbé Fortin. — Photographies d'Al. Aksakof. — Photographie de l'oD. —
Expériences du Dr Narkievicz-Iodko.

44. Le lecteur est maintenant au courant de tout ce qu'il devait
d'abord connaître sur le fluide *vital*, ou *astral*, ou *odique*, ou *odo-
électrique*, ou plutôt ELECTROÏDE [1], mot dont nous nous servons volon-
tiers pour désigner la *force psychique*, dont les manifestations ressemblent, par plus d'un côté, à celles de l'électricité, tout en n'étant
pas uniquement celles de ce fluide. Nous allons, dans cette deuxième
partie de notre livre, entrer dans le vif de la question ; le fluide qui
produit les phénomènes dont il s'agit se laisse-t-il saisir par la
plaque photographique ? Est-il ou n'est-il pas le même que celui
dont parle M. le Dr Gustave Lebon en ces termes (*Comptes rendus*,
tome CXXII, p. 462, séance du 4 février 1800) :

« ..... J'ajouterai, d'après mes dernières recherches, que certains
êtres organisés paraissent jouir de la propriété d'émettre dans l'obscurité des radiations de *lumière noire* susceptibles d'impressionner
les plaques photographiques [2]. Je soumets à l'Académie une photo-

———

[1] Ἤλεκτρον, εἶδος.
[2] Lumière visible, sans doute, pour les *sensitifs* (19, 25, 26).

graphie d'une grenouille reproduite en pleine obscurité, simplement en la posant pendant deux heures sur une plaque sensible dans un châssis... »

Même tome des *Comptes rendus*, séance du 11 mai 1806, page 1057 :

« *Radiations propres aux êtres organisés.* — Radiations émises par les êtres organisés dans l'obscurité, et qui permettent de les photographier, comme je l'ai montré en opérant sur des fougères, des poissons et divers animaux. Elles paraissent se rattacher aux radiations de phosphorescence invisible, mais s'en différencient, cependant, parce qu'elles ne traversent par les corps métalliques, ceux du moins que j'ai expérimentés, l'aluminium notamment. »

45. Toujours est-il que des photographies ont été obtenues, soit des radiations dont parle le Dʳ Gustave Lebon, soit du fluide dépendant de la force psychique, soit du corps prétendu astral, etc., etc.

« Les émissions de corpuscules (**30**) ne peuvent avoir lieu que par les pores de la peau.

« On obtient ce genre d'épreuves de la manière suivante.

« Dans une chambre, on installe une bobine de Rhumkorff actionnée par une pile suffisamment puissante. L'un de ces fils est laissé en communication avec l'air ambiant ; l'autre, beaucoup plus long, se termine par une éprouvette en verre, dans laquelle son extrémité est scellée. Une personne placée dans une chambre voisine complètement obscure prend, dans une de ses mains, cette éprouvette et approche un doigt de l'autre main d'une plaque photographique que lui présente, du côté collodionné, une seconde personne sans communication directe avec la pile ; quand le doigt est suffisamment rapproché de la plaque, il s'en dégage un flux électrique, qui s'inscrit lui-même sur la pellicule sensible, et qui ressemble tout à fait aux effluves que les sensitifs (**19, 25, 26**) voient se dégager des doigts d'un individu à l'état normal (A. de Rochas, *Extériorisation de Sensibilité*, Paris, 1885, in-8° Chamuel, éditeur, page 43). »

Le lecteur fera sans doute observer qu'ici l'électricité humaine n'est pas seulement en jeu, et que c'est peut-être l'électricité de la bobine Rhumkorff qui produit sur la plaque l'image photographique.

46. Sans entrer dans la discussion de l'essence particulière de la force qui produit les manifestations photographiques signalées à l'Académie des sciences par le D' Gustave Lebon (**44**), et par le D' Narkievicz-Iodko, dans sa conférence du 14 mars 1896 et dans ses livres (**50**), un autre expérimentateur, le D' Baraduc, a institué des expériences au moyen desquelles la force vitale *au repos*, c'est-à-dire dans son état ordinaire dans le corps humain, et non pas à l'état de surcharge, comme dans les expériences de M. Iodko, est rendue manifeste. Il se sert pour cela d'un appareil spécial, le *magnétomètre* de l'abbé Fortin, et voici comment, à la page 20 de son livre intitulé : *la Force vitale, notre Corps vital fluidique, sa Formule biométrique* [1], il donne la physionomie générale de ses expériences :

47. « L'appareil que j'ai employé est le magnétomètre de l'abbé Fortin, tel qu'il l'a fait fabriquer lui-même, c'est-à-dire composé essentiellement d'un fil de cocon de $0^m,25$ environ de longueur, *très fin*, non tordu, fixé en haut à un plateau de verre, et terminé en bas par une aiguille de fil de cuivre recuit, autour de laquelle le fil de cocon vient s'enrouler sur la partie médiane sans aucune ligature on boucle en cet endroit.

« Le cadran, divisé en 360°, surmonte une bobine de fil fin entourant un petit cylindre en verre. Le tout est contenu dans un cylindre vertical en verre, de diamètre suffisant, destiné à isoler l'appareil de tout courant d'air et de la chaleur; c'est à travers ce cylindre que les phénomènes d'attraction et de répulsion ont lieu, sans qu'il y ait contact par les doigts, placés à $0^m,05$ du cylindre.

« L'appareil est mis dans un coin, sur une planchette triangulaire fixée dans l'angle dièdre de deux murs épais qui ne peuvent être

---

[1] Paris, 1893, E. Carré, éditeur, rue Racine, 3.

ébranlés par la trépidation des voitures ; l'angle dièdre est dans une obscurité relative, de telle façon que le radiomètre de Crookes ne soit pas impressionné et que la chaleur solaire n'y arrive pas directement.

« L'appareil est orienté dans la ligne sud-nord, de façon à ce que cette ligne passe par le plan médian du corps de la personne observée ; ses bras sont appuyés contre le mur, ou mieux, soutenus par des accoudoirs, comme M. le professeur Richet en a fait installer dans son laboratoire ; la personne présente l'extrémité digitale de la main, soit droite, soit gauche, à une des extrémités de l'aiguille, de telle façon qu'à travers la convexité du verre le plan de la main soit perpendiculaire au plan de l'aiguille.

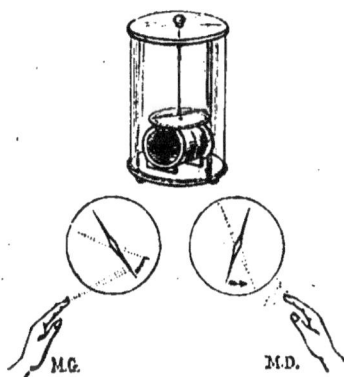

Fig. 3. — *Prise d'une formule biométrique.* — La main droite MD attire l'aiguille de 5°. Cette attraction produit des anses de force courbe. La main gauche MG repousse de 2° et émet des émanations fluidiques vitales sous forme de pois de perles sur les plaques placées entre la main et l'aiguille. On peut ainsi lire à la lumière rouge le mouvement, attractif vers la main 5° à droite, répulsif 2° à gauche ; et en développant ultérieurement les plaques on obtient les empreintes du mouvement de vie en nous, attirant de la force courbe cosmique à droite, émettant des parcelles de vie vécues à gauche ; on se rend ainsi bien compte du mouvement cosmique en nous, de la vibration vitale qui constitue chaque vitalité personnelle, et dont la formule biométrique (Att. 5, rep. 2.) est l'expression normale.

« La durée de l'observation, est de deux minutes, ou cent vingt secondes ; on observe l'écart, ou l'angle chiffré par le nombre de divisions, dès que l'aiguille a décrit dans le sens attractif ou répulsif tout son cours et qu'elle s'est *fixée* dans un point différent de celui où on l'avait observée avant l'expérience.

« Quel que soit le sens du mouvement produit, l'allure de ce mouvement est différente suivant les personnes ; tantôt très lente à la fin des deux minutes, tantôt très rapide au début, ou présentant des oscillations, c'est-à-dire donnant, dans l'unité de temps, une attraction et une répulsion ; tantôt restant, après l'opération, plus ou moins fixée au point obtenu, ou revenant de suite au point qu'elle occupait primitivement : l'aiguille reflète d'une façon mathématique le mouvement qui se produit en nous, comme allure, comme chiffrage, et donne une formule biométrique *bien particulière* à chaque personne.

« Il faut avoir soin de prendre la formule en dehors de tout travail digestif, au moment de calme physique et moral où la personne est le plus elle-même. Je la prends d'habitude vers dix heures du matin et de deux à cinq heures du soir, et je laisse de deux à cinq minutes entre chaque prise.

« J'ajoute que la formule biométrique est l'expression de l'état *vital*, de l'état d'*être* au moment où elle est prise ; cette formule peut être variable ou fixe, suivant les tempéraments et les dispositions ; mais il ne faut pas la considérer comme une formule absolument *une, invariable;* elle peut réfléter, au contraire, des états momentanés différents, très variables pour les uns, fixes pour les autres, suivant la caractéristique de chacun, la *dominante personnelle.*

. . . .

« Quatre lois fondamentales ressortent de ces études.

« PREMIÈRE LOI : *Loi de constatation de l'action.* Sensibilisation, impression de l'appareil par la force vitale, qui, suivant son mode *en nous,* détermine l'*allure extérieure* de l'aiguille.

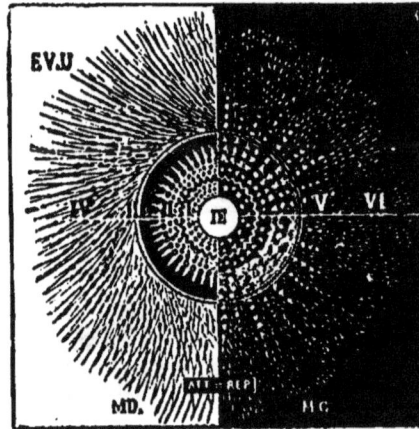

FIG. 4. — *Schéma de l'Aura.* — Le schéma montre à droite l'attraction de la force *courbe cosmique* correspondant à l'attraction de l'aiguille par la main droite, et à gauche l'*émanation fluidique humaine* correspondant à la répulsion de l'aiguille par la main gauche. L'entité humaine volontaire IE, contenue dans la vibration animo-vitale II et emprisonnée dans le corps physique III, est extérieurement entourée d'une aura (atmosphère fluidique), formée de force courbe cosmique attirée par la contraction, et d'émanation humaine projetée par l'expansion de l'âme humaine, lorsque celle-ci se contracte ou se dilate.

« DEUXIÈME LOI : *Loi des formules biométriques.* — On constate dix-sept types-formules biométriques. Les chiffres varient dans ces dix-sept types pour chaque sujet et constituent ainsi une formule biométrique *bien personnelle* à l'état de la personne actuellement en observation. Leur interprétation est capitale et comporte un chapitre entier : chiffrage et diagnostic du tempérament vital par la formule biométrique.

« TROISIÈME LOI : *Loi des transformations de formules*. — 1° Du fait des modes électrothérapiques (changement de la personnalité physique); 2° du fait du verbe, volonté exprimée ou suggérée (changement de la personnalité psychique).

« QUATRIÈME LOI : *Établissement de la formule de vitalité normale*, présentant des alternatives d'*évolution* physico-psychique et d'involution psycho-physique (main droite, *attraction = répulsion*, main gauche ; main droite, *répulsion = attraction*, main gauche). »

48. Nous ne parlerons pas des expériences du directeur de la *Psychische Studien*, le prince Al. Aksakoff, qui a consacré un gros in-8° à l'étude de cette force, qu'il photographie et dans laquelle il voit des corps astraux (**12, 13**) bien constitués ; de la page 23 à la page 86 de son livre (*Animisme et Spiritisme, Essai d'un examen critique des phénomènes médiumniques*, par Al. Aksakoff, Paris, 1895, Leymarie, édit., in-8°), il cite une foule d'expériences photographiques dans lesquelles les esprits se sont manifestés sur la plaque. Il est évident qu'Aksakoff est de bonne foi, comme l'était Williams Crookes quand il expérimentait avec la fameuse jeune miss américaine, qui lui servit de médium pendant deux ans ; mais ces photographies étant absolument semblables, à première vue, à celles que produisait B... et son associé Firmann ; elles attirèrent, elles aussi, quelque désagrément à leur fabricant, un sieur Mumler. A ce sujet, Aksakoff s'exprime ainsi (page 58) : « ..... Je préfère m'en rapporter à Mumler, dont la réputation est restée intacte pendant sa longue carrière professionnelle ; *l'authenticité des épreuves photographiques obtenues par ce photographe est établie par une épreuve dont la valeur est égale à celle d'une investigation scientifique : les photographies de Mumler furent l'objet d'un procès, et, malgré l'acharnement des détracteurs, soutenues par l'opinion publique et la toute-puissance du préjugé, elles sortirent triomphantes de cette lutte !* »

49. Mais d'un tout autre genre sont les photographies de l'*od* faites par le Dr Baraduc, et voici comment le Dr Battandier les décrit dans le *Cosmos*, du 17 août 1895 :

« Il y a une quinzaine d'années, on n'aurait pas osé écrire le titre de cet article. Le fluide humain, en effet, souvent appelé *od*, était considéré comme un mythe, et, comme il n'était point pondérable, qu'on ne pouvait ni le voir, ni mesurer ses effets, on niait son existence. Les plus osés le nommaient magnétisme, expression qui avait le double avantage de ne pas dire grand'chose et de ne point déranger l'équilibre scientifique des connaissances alors officiellement acceptées.

« Depuis cette époque, on a ouvert dans le champ des sciences dites occultes une large tranchée, dont un des terrassiers les plus infatigables, et ajoutons-le, les plus heureux, a été sans contredit M. de Rochas. C'est à lui que l'on doit de solides études sur les états superficiels et profonds de l'hypnose, la découverte de l'extériorisation de la sensibilité, et d'ingénieuses expériences qui ont mis en évidence l'objectivité des effluves magnétiques vus par des personnes en état de sommeil hypnotique. »

Parallèlement à ces travaux, M. le Dr Baraduc a fait des recherches sur le fluide humain ou force vitale (*Cosmos*, La force vitale, n° 447, page 69). Mettant la main perpendiculairement à la direction d'une aiguille d'un magnétomètre Fortin, il constatait que cette aiguille était attirée ou repoussée suivant les personnes et les différents états de chaque personne.

De là, aidé de nombreuses expériences concordantes, il déduisait que le fluide humain, qu'il appelait force vitale, pouvait exercer son action à distance sur la matière inerte, ainsi que le démontraient les oscillations du magnomètre. Les mouvements du cylindre de Thore conduisaient d'ailleurs au même résultat.

Ces séries d'expériences mettaient en mouvement un corps matériel ; mais ne pouvaient-elles pas se manifester autrement ? Il est un fait qu'il semble difficile de révoquer en doute, c'est que, dans quelques rares circonstances, les émissions fluidiques d'un corps viennent s'inscrire d'elles-mêmes sur la plaque sensible. Ce cas, vérifié expérimentalement par M. de Rochas, est bien différent des photographies spirites, dont nous n'avons pas à nous occuper présentement. On pouvait donc espérer constater, par des expériences

appropriées, l'émission de force vitale dans les circonstances ordinaires, et leur inscription automatique sur la plaque sensible sans
l'intervention d'aucun agent. C'était généraliser le fait que nous
venons de citer en lui donnant une allure presque normale.

Le Dr Baraduc a fait, dans ce sens, de nombreuses expériences,
commençant par s'aider du courant électrique et les finissant sans

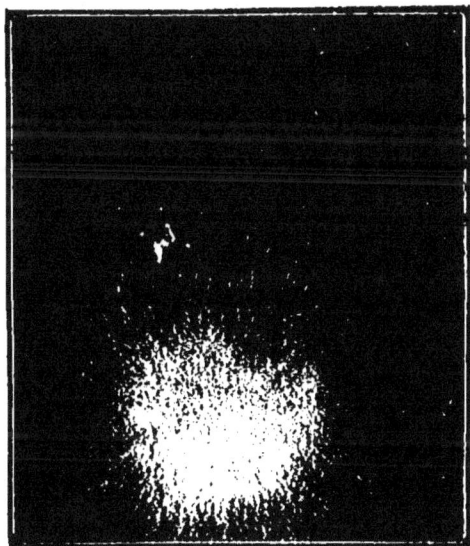

Fio. 5. — Electrographie du fluide positif projeté par un doigt sur une plaque sensible
plongée dans le fluide négatif.

recourir à cette agent. Le *Cosmos* a publié, sous la signature de
M. de Rochas (n° 516, page 81), l'impression photographique du
doigt d'une personne reliée à une bobine de Rhumkorff (**15**).

Cette expérience est tout à fait distincte de celle que faisait le
Dr Boudet, de Paris, obtenant l'impression photographique d'une
médaille en la saupoudrant de graphite et la soumettant, sur une
plaque sensible, à des décharges d'électricité statique. Les expériences du Dr Baraduc lui ont montré que les effluves électriques
qui sortent d'un corps humain *électrisé* ont un aspect bien différent, suivant que c'est le fluide négatif ou positif qui s'écoule.
Dans la gravure (*fig.* 5) nous avons l'électrographie du fluide posi-

tif projeté par un doigt sur une plaque sensible plongée dans le fluide négatif. C'est une lueur qui se termine par une chevelure ou aigrette très fine. En examinant attentivement la plaque, on voit, ce que l'on ne retrouve pas sur la reproduction, dans le centre lumineux, la formation, je dirais embryonnaire, de plusieurs taches de lumière de forme ronde, que nous retrouverons plus tard. Si nous renversons l'expérience et mettons la plaque dans le fluide positif, la main en communication avec le fluide négatif, nous n'avons plus qu'une tache lumineuse, d'apparence laiteuse, aux contours indécis et qui va s'affaiblissant graduellement.

Nous venons de voir, dans la première épreuve, la formation de boules de lumière circulaires et qui se détachent du reste des autres manifestations lumineuses. Elles sont bien plus sensibles sur la seconde photographie prise dans les circonstances suivantes. Sur une table T (*fig.* 6), électriquement isolée et reliée au pôle négatif, le Dr Baraduc pose un verre V, et, sur celui-ci, une plaque Lumière P, la face sensible en dessus. Puis, en communication avec le sol, qui est, dans le cas, électro-positif, il

Fig. 6.
Dispositif adopté
par le Dr Baraduc.

met une potence d'où descend une tige à pointe d'archal F, qui passe dans un bouchon où sont fixés trois fils de même métal formant trident.

L'expérience ainsi préparée, il voit à la lumière rouge des aigrettes se diriger vers la plaque, et celle-ci s'impressionne, donnant des globules ronds, mais en très petite quantité : deux seulement. Il renverse ensuite l'expérience ; il impressionne les bords du verre en y passant la main droite, tandis que de la main gauche il tient cette petite potence à laquelle est attachée le fil d'archal pour la charger de son émanation fluidique. Au développement, la plaque montre qu'elle a été impressionnée sur tout le bord du verre, et une suite de sphères lumineuses, que le docteur appelle boulets vitaux, en dessinent le contour (*fig.* 7)[1].

---

[1] Il y a sur l'épreuve une double ceinture circulaire de ces sphères lumineuses, le docteur ayant intentionnellement dérangé la plaque avec le doigt pour constater l'effet que produirait un changement de disposition.

Mais l'électricité est-elle absolument nécessaire dans la production de ce phénomène? « Non, répond le docteur. Si j'ai pu affirmer qu'elle était (la sphère globulaire) la force vitale spécialisée, c'est que j'avais eu la preuve directe de sa nature et de sa formation par la photographie, et non par l'électrographie, c'est-à-dire en l'absence de toute électricité, et ces boulets, non plus électro-vitaux, mais

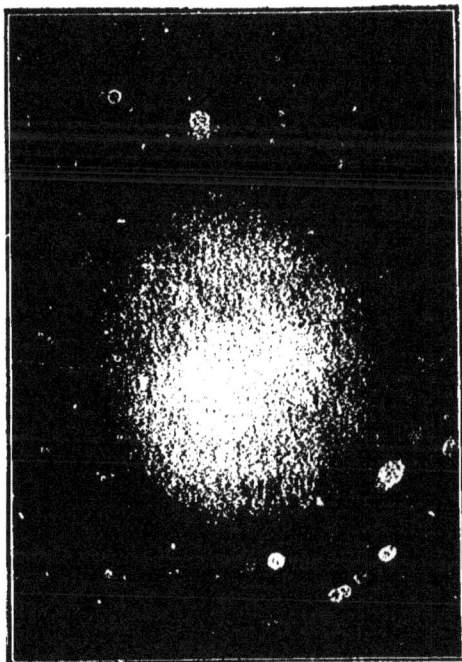

Fig. 7 — Les boulets vitaux.

vitaux simplement, photographiés, non plus dans l'obscurité, mais au demi-jour, avec un appareil en dehors de tout instrument électrique, sont la preuve la plus tangible de la nature extra-électrique qu'ils présentent » (*Bulletin officiel de la Société française d'Electrothérapie*, n° 5, page 85).

A l'appui de ce fait, le docteur produit la photographie suivante, qui, bien qu'inégalement développée, ainsi qu'on le voit par les différences de teinte qu'elle présente, n'en est pas moins bien curieuse (*fig* 8). La photographie a été prise à onze heures du matin, en demi-jour, et la force qui aurait fourni les globules serait celle de deux enfants. Les boulets ne conservent leur forme circulaire qu'en un point; au delà ils prennent une forme ellipsoïdale avec un mouvement de giration comme dans certaines nébuleuses. Cette forme viendrait, d'après le docteur, des conditions de l'expérience.

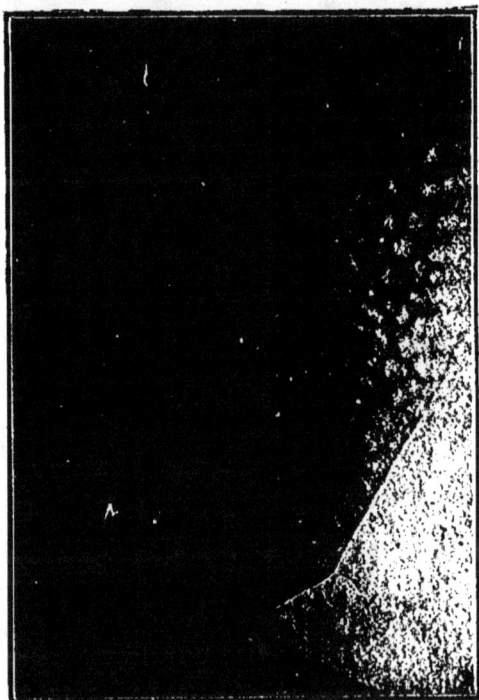

Fig. 8. — Photographie obtenue sans l'intervention de l'action électrique.

Il aurait arrêté brusquement les jeux de ces enfants, et leur fluide vital n'aurait pas subi le même arrêt.

Voilà les récentes expériences du Dʳ Baraduc sur la photographie de la force vitale. Il admet que toute excitation électrique emporte avec elle un peu de ce fluide vital, mais que celui-ci peut s'inscrire de lui-même sur une plaque sensible. « Je crois pouvoir affirmer que la forme globulaire est bien la forme de la cellule dynamique électrovitale de cette petite âme rudimentaire » (*Bulletin officiel de la Société française d'Electrographie*, n° 2, page 35). Ici le savant docteur confond; à notre avis, deux choses bien distinctes : les modifications de la matière, qui, dans toutes les positions, cherche son équilibre et le trouve dans la forme sphérique, ainsi que le démontrent les belles expériences de M. Plateau, et l'âme qui n'a rien à faire dans la question. Que l'âme, un esprit, puisse produire une impression lumineuse qui s'imprime sur une plaque photographique, rien que de très naturel. Mais que l'âme puisse révéler sur une plaque sensible sa *forme propre*, c'est tout bonnement une impossibilité métaphysique, car nul outil *matériel*, nul procédé physique, s'appuyant sur la matière, ne permet de percevoir la forme propre d'un esprit. Qui dit esprit dit, en effet, un être qui ne tombe pas sous nos sens et nos moyens de perception. S'il y tombait *directement*, il y aurait contradiction dans les termes.

« Mais que faut-il penser de ces expériences ?

« Il est clair, tout d'abord, qu'on ne peut les repousser par ce fait qu'on ne voit pas avec l'œil ces boulets que nous montrent les photographies. La plaque sensible est plus investigatrice que notre œil, quelle que soit sa perfection, et elle enregistre des vibrations lumineuses trop faibles pour être perçues directement. C'est ainsi que la photographie stellaire nous fait constater la présence d'astres que nous ne reverrons probablement jamais sur cette terre.

49 *bis*. « Ces expériences sont-elles assez concluantes pour nous forcer à admettre d'ores et déjà les émanations fluidiques sous formes de boulets vitaux ? A notre humble avis, nous devons répondre négativement (voir §§ **55, 56, 57**). Ce n'est pas, en effet, sur quelques expériences que l'on peut asseoir une découverte. Il faut en varier les circonstances de temps, de lieu, de personnes. On a souvent dit qu'il n'y a rien de plus traître, en photographie, qu'un rayon lumineux. Malgré toutes nos précautions les plus minutieuses, quelques éclairs viennent souvent inscrire leur présence sans que nous nous soyons aperçus de leur mode de production. Les photographies du Dr Baraduc nous montrent bien la production d'une double luminosité, une en forme chevelue ou laiteuse, l'autre en forme de boule; mais ces photographies ne sont pas encore assez nombreuses pour nous permettre d'affirmer que les mêmes phénomènes se reproduiront toujours identiquement. En un mot, au lieu de nous trouver en présence d'une loi que nous constaterions, il se peut très bien que nous soyons simplement en face d'un phénomène transitoire, pa⸱ ⸱ er, dû à des causes multiples, que nous n'avons pas encore su distinguer, et qu'une analyse plus minutieuse du fait nous permettra de découvrir.

« Par conséquent, sans nier la valeur des photographies du Dr Baraduc, l'entière bonne foi avec laquelle il les a obtenues, le côté scientifique des procédés mis en œuvre, il faut attendre, pour porter un jugement, qu'elles se soient multipliées, et dans des circonstances tellement diverses que leur concordance montre que nous sommes en présence de ce qu'on est convenu d'appeler une loi. »

50. A son tour, le professeur russe Narkieviez-Iodko, collaborateur de l'Institut impérial de médecine expérimentale de Saint-Pétersbourg, nous parle du fluide humain dans plusieurs ouvrages remarquables, et voici un passage d'une conférence qu'il donna, le 14 mars 1896, à la *Société magnétique de France*[1], avec expériences à l'appui ; M. De Rochas cite ces mêmes expériences dans son ouvrage sur l'*Extériorisation de la Sensibilité*, page 44:

« Plongés dans l'éther, dit M. Narkieviez-Iodko, nous conduisons plus au moins cet agent; *nous le produisons même en nous ;* nous l'absorbons, nous le rendons, en un mot, il se fait un échange perpétuel entre notre organisme et le milieu ambiant. Tout, dans la nature, tend à s'équilibrer. Quand l'équilibre est parfait entre notre organisme et l'éther ambiant, aucun phénomène n'est observé; mais, dès qu'il y a déséquilibre, on en voit apparaître de plus en plus remarquables. En surchargeant l'organisme de cette force dans laquelle nous sommes plongés, nous voyons apparaître des phénomènes nouveaux, mais que les magnétiseurs ont déjà pressentis.

« Pour surcharger l'organisme, je me sers d'électricité; et quand l'agent ou les agents dans lesquels nous sommes plongés y sont condensés, une dépêche peut être transmise à distance à travers le corps

---

[1] *Journal du Magnétisme*, numéro de Mars 1896, page 186.

humain; des effets lumineux apparaissent dans les tubes de Geissler, dans le tube et l'ampoule de Crookes ; et notre organisme donne naissance, *même sans contact*, aux rayons Rœntgen. *Les effluves que dégage le corps humain deviennent visibles, et on peut les photographier.*

« Je viens de vous dire que je me sers de l'électricité; mais je l'applique en vertu d'une théorie qui m'est personnelle et qui n'est pas complètement en harmonie avec les théories actuelles. D'abord j'emploie peu d'énergie : un courant de 1 à 2 volts actionnant une bobine de Rhumkorff donnant à peine une étincelle de 2 centimètres me suffit. Un des pôles de la bobine est en communication avec l'air atmosphérique, tandis que l'autre est fixé à un fil conducteur que l'on tient à la main par un manchon de verre isolateur.

51. « Le corps humain est un véritable condensateur ; les ganglions et les plexus peuvent être considérés comme des batteries, les nerfs comme des conducteurs (**28**). La nature fait toujours en grand ce que l'art fait en petit, et l'influence qui vient de la pile et de l'atmosphère par le fil unique dont je me sers ne fait qu'imiter l'air chargé d'électricité.

« Si une personne quelconque tient à la main le tube isolateur du fil conducteur et qu'une autre personne approche de la première un tube de Geissler, ce tube s'illumine, même à une distance de 8 à 10 centimètres.

« On se rend parfaitement compte que c'est bien le corps humain qui produit cette illumination, car non seulement elle est d'autant plus vive que le tube est approché davantage, mais on voit jaillir les effluves qui partent du point le plus rapproché pour le remplir ensuite plus ou moins complètement. Et, pendant que la lumière jaillit, si une personne quelconque touche celle qui donne naissance à cette lumière, toute illumination disparaît, car la surcharge de l'organisme de la première se dégage au contact de la seconde. Il en est de même si l'on interpose la main entre le tube et la partie du corps qui l'éclaire.

« A l'aide de mon procédé électrographique, j'obtiens sans objectif la photographie des effluves dégagés par le corps humain. »

Etc., etc.

CHAPITRE II

Expériences de MM. Luys et David sur les *effluves digitaux* impressionnant la plaque sensible dans un bain d'hydroquinone. — Thèse de M. Ch. Brandt relativement à ces effluves. — Réponse de M. Charles Brandt aux critiques du Dr Guébhard. — *Comptes rendus* de l'Académie des Sciences : note du Dr Guébhard sur un mode d'enregistrement photographique des *effluves thermiques.*— Réponse du Dr Guébhard à M. Ch. Brandt. — Expériences du même docteur sur les phénomènes attribués à des effluves digitaux.

52. Nous entrons ici dans une nouvelle phase de la photographie des effluves humains, du fluide vital, astral, odique, psychique, etc., et c'est surtout à propos de ces phénomènes photographiques spéciaux que la lutte est vive entre les croyants et les sceptiques.

Le journal *la Radiographie*, du 10 juin 1897, page 16, annonçait ainsi qu'il suit les premières expériences faites sur la photographie des *effluves digitaux :*

. . . .

« MM. Luys et David. — Cette note est relative à la fixation, par la photographie, des effluves qui se dégagent, à l'état physiologique, des extrémités des doigts, ainsi que de ceux qui émergent du fond de l'œil, et qui sont susceptibles d'être enregistrés sur une plaque photographique.

« Nous avons eu recours à un procédé technique nouveau, déjà signalé l'an dernier par le Dr Gustave Lebon, et qui consiste dans l'immersion directe des doigts dont il s'agit d'obtenir les effluves, dans un bain d'hydroquinone, appliqués par leur face palmaire sur une plaque de gélatino-bromure d'argent, dans l'obscurité, pendant environ quinze à vingt minutes.

« Il va de soi que ces études nouvelles vont donner un corps à une série de phénomènes anciens connus depuis longtemps sous

forme de conceptions subjectives, faute d'avoir reçu une démonstration objective de leur réalité. Le fluide des magnétiseurs, le fluide
signalé par Reichenbach sous le nom d'*od*, la force neurique de
Baréty, vont ainsi trouver leur certificat de réalité scientifique.

« Ainsi on peut dire qu'il se dégage normalement du corps
humain, d'une façon continue, pendant l'état de veille, un fluide
spécial qui semble être une manifestation essentielle de la vie et
qui s'extériorise, ainsi qu'a cherché à le démontrer dans ces derniers
temps M. le colonel de Rochas, sous le nom d'*Extériorisation de la
Sensibilité*, méthode de procéder en photographie qui n'est autre
qu'un mode de photographie par immersion et est susceptible
d'avoir des résultats féconds, tant en physiologie qu'en pathologie.

« On pourra ainsi doser les variations de cette force nerveuse
qui se dégage incessamment des extrémités digitales, variable
suivant les âges, les sexes, les différentes phases de la journée, et
suivant l'état variable des émotions qui viennent mettre en vibration l'être humain. Peut-être cette étude pourrait-elle permettre de
trouver un nouveau signe de la mort réelle.

« Ainsi l'état des effluves, leur intensité, leur diminution, per-
mettront d'agir comme avec un nouveau réactif artériomètre dans le
domaine des phénomènes de la sensibilité, et, peut-être aussi, dans
celui de la motricité, car nous ignorons encore les caractères physiologiques intrinsèques de ces effluves. »

.   (*Revue médicale.*)

53. Dans le numéro suivant de la *Radiographie* (numéro du
10 juillet 1897, page 2), M. Ch. Brandt reprenait le même sujet
et le développait en ces termes :

« La communication que MM. Luys et David ont faite à l'Académie des Sciences et à la Société de Biologie, communication que
nous avons reproduite dans notre dernier numéro, a produit
quelque bruit et suscité certaines critiques en général mal fondées.
Il est certain que la photographie des effluves digitaux puisse, de
prime abord, paraître une chose bizarre ; nous avouerons même que
telle a été notre première impression.

« Nous avons voulu nous rendre compte par nous-même de ce

phénomène très particulier, et, pour cela, nous avons entrepris au laboratoire du journal une série d'expériences, qui, pour nous, pour ceux qui y ont assisté ou ceux qui en ont vu les résultats, sont absolument concluantes.

« Chacun connaît aujourd'hui le mode opératoire qui consiste à appliquer les doigts sur une plaque sensible qui se trouve dans un bain révélateur à l'hydroquinone et à bouger le moins possible pendant dix, quinze ou vingt minutes.

« On a vu dans ce fait qu'il est impossible de rester vingt minutes dans l'immobilité absolue, une cause mécanique capable de faire vibrer la cuvette et de produire des courants bien déterminés du liquide révélateur, courants favorisant sur leur passage le développement de la couche sensible.

« Le lecteur de *l'Éclair* qui écrit cela oublie sans doute que, pour que les sels d'argent en suspension dans la couche sensible fussent oxydés par le révélateur, d'une façon et dans une direction bien déterminées pour produire une image visible, il faut la complicité d'une action physique attribuée jusqu'aujourd'hui aux vibrations lumineuses. On peut même agiter le révélateur en tout sens et obtenir, quoi qu'en pense le lecteur de *l'Éclair*, des résultats semblables.

« D'autres critiques ont été formulées : *la principale est de dire que ces images sont le résultat d'une action calorifique.* Cela n'est pas. Nous avons chauffé du mercure à 37° ; un doigt de gant rempli cette matière, et, appliqué 15 minutes sur une plaque, n'a donné aucun résultat. MM. Luys et David avaient du reste fait cette expérience. Cette action serait due, suivant M. Mottu, à une action chimique de la peau humaine sur la couche sensible, ou bien encore à la sueur.

« Nous devons dire, avant de répondre à cela, qu'il n'y a pas simplement, sur la plaque, une auréole opaque autour de la place occupée par les doigts, 'mais il y a chez certains sujets (et je n'ai pas la prétention d'être médium) un rayonnement qui se manifeste dans tous les sens et toujours de la même manière pour la même personne.

« Nous avons donc, pour répondre à ces deux objections de l'action chimique de la peau ou de la sueur, exécuté un cliché, *les*

doigts appliqués sur le verre ; les résultats obtenus de cette façon
sont plus beaux qu'en appliquant les doigts sur le côté émulsionné.
De plus les effluves ont même éclairé les deux cannelures du fond
de la cuvette d'une façon remarquable, si bien qu'on en a le dessin
sur la plaque.

« Ensuite, au moyen d'une plaque de verre, nous avons doublé
l'épaisseur qui séparait la couche sensible des doigts, et les images
obtenues sont d'autant moins nettes, toutes proportions gardées,
que la distance entre le gélatino-bromure et les doigts est plus
grande ; nous n'avons pas encore eu le temps d'exécuter ces expériences avec des pellicules sensibles, qui doivent, en raison du peu
d'épaisseur du support, donner un maximum de netteté.

« Une autre expérience plus probante encore avait été faite par
MM. Luys et David : quatre bâtons aimantés, disposés sur les quatre
côtés d'une plaque, avaient, dans 20 minutes de pose, avec *immobilité absolue,* cette fois, donné les résultats que l'on obtient avec les
doigts...

« Une autre expérience nous a démontré que si, sur les cinq doigts,
on en isole deux au moyen de paraffine, l'image donnée par ces
deux doigts est très peu intense, sinon nulle.

« Il est à considérer qu'il y a dissemblance absolue entre les
effluves féminins et les *effluves masculins,* de même que l'image
fournie par une étincelle positive n'est pas semblable à celle que
donne une étincelle positive, quand on les photographie.

« Nous arrêtons là cette communication ; nous avons constaté
la réalité du fait, et les expériences avancées par MM. Luys et
David, témoins de celles que nous avons exécutées, nous ont éclairé
suffisamment pour pouvoir dire que l'action photogénique que l'on
observe en appliquant les doigts sur une plaque sensible dans l'obscurité, ne peut être due qu'à l'existence d'un fluide. »

54. M. Ch. Brandt écrivait encore, dans le numéro suivant de la
Radiographie et dans la *Photo-Revue* du 1ᵉʳ novembre 1896, l'article suivant :

« Nos lecteurs n'ont pas oublié que nous avons rendu compte des
expériences de M. de Rochas et du Dᵣ Baraduc tendant à démontrer

la possibilité d'enregistrer photographiquement le fluide humain ou force vitale (od).

Nous avons même reproduit, dans notre numéro du 1er novembre 1881, des épreuves du Dr Baraduc, présentant, dans la pensée de l'auteur, des résultats de nature à confirmer ses théories.

Depuis cette époque, la question n'a pas perdu de son intérêt, et la polémique actuellement engagée entre les partisans du fluide humain et ses détracteurs la remet au premier plan de l'actualité.

Notre impartialité nous fait une loi de mettre sous les yeux de nos lecteurs les documents versés au débat, sans y ajouter le moindre commentaire.

Nous donnons aujourd'hui la reproduction d'un article de la Radiographie, qui est favorable à la théorie des Drs Luys et Baraduc.

« L'épreuve dont il est question[1] a été obtenue par l'apposition, durant 20 minutes, des cinq doigts de la main gauche sur le dos d'une plaque Lumière, laquelle se trouvait dans un bain d'hydroquinone.

Les deux lignes parallèles, diversement lumineuses, sont les deux cannelures d'une petite cuvette 9 × 12 en carton durci, sur lesquelles reposait la plaque pendant l'opération.

Il n'y a pas eu arrachement de la gélatine dans ces parties, ni aucune défectuosité quelconque; il est donc raisonnable d'attribuer aux effluves l'espèce d'éclairement qu'ont subi ces cannelures, éclairement qui a permis en quelque sorte une photographie par contact.

Nous présentons de bonne foi une épreuve sans aucun maquillage ; c'est à nos lecteurs habitués un peu aux opérations photographiques à nous dire si ce résultat est dû à un accident.

Durant le mois de juillet, la discussion sur les causes produisant ces effets photographiques a été réouverte par une communication faite à la Société de Physique par un physicien vrai, M. Guébhard.

La Médecine moderne du 28 juillet a publié, d'après le Phare du littoral, la technique aussi transcendante que canaliculée employée

[1] Cette épreuve est dans le numéro de la Radiographie du 10 août 1897.

par M. Guébhard. Voici, d'après la *Revue scientifique*, un résumé de la communication :

« M. A. Guébhard, pensant pouvoir attribuer avec certitude à un simple accident de développement photographique qu'il étudiait depuis quelque temps, les « enregistrements scientifiques d'effluves « humains ou de fluide odique » dont M. Luys a cru pouvoir, dernièrement, affirmer l'existence, a tenu à communiquer, sans plus attendre, à la Société de Physique, avec les premiers résultats de son étude sur le « moutonnement et la zébrure des clichés « photographiques › des épreuves de séries de clichés, où, toutes autres conditions égales, des effets identiques ont été obtenus par l'apposition, sur des plaques sensibles maintenues pendant quinze à vingt minutes dans un bain révélateur abandonné au repos, des objets les plus divers, inertes aussi bien que vivants : doigts de la main, doigt de gant bourré de grenaille de plomb, flacons de formes diverses, bouts de bougie, etc. L'apparition d'auréoles autour de l'empreinte de l'objet, comme celle de lignes de flux paraissant en émaner, sont uniquement dépendantes des conditions physiques de l'expérience, et M. Guébhard donne un premier aperçu des lois de leur formation, due aux phases successives d'un mode particulier de groupement moléculaire interne, qui se montrent dans tous les liquides troubles abandonnés au repos sous faible épaisseur : sorte de cloisonnement cellulaire et réticulé, puis de schistation canaliculée ou de stratification verticale, qui, l'une et l'autre, suivent les directions et, par conséquent, peuvent enregistrer les images des lignes soit de flux, soit d'égale pression, des dernières agitations tourbillonnaires du liquide. »

Nous devons ajouter que, dans la technique publiée par la *Médecine moderne*, il y a cette perle : si le bain révélateur est neuf, on emploie une plaque peu impressionnée et pas trop peu impressionnée si le bain est affaibli. On remarquera aussi que M. Guébhard emploie des liquides troubles, l'usage du filtre lui étant sans doute inconnu.

Le fait de promener des bouts de bougie sur la surface gélatinée d'une plaque sensible se trouvant dans un liquide trouble, pour en tirer la conclusion que le résultat obtenu est une sorte de *cloisonnement cellulaire et réticulé*, ou *de schistation canaliculée*, ou encore de *stratification verticale*, est bien plus l'occupation d'un garçon de laboratoire que d'un physicien (*vrai*).

Nous insistons sur ce mot, parce qu'un journal spécial aurait publié un article que nous regrettons de n'avoir pu nous procurer, et où il serait dit que les physiciens vrais sont lassés des théories de Luys et de Baraduc et heureux que la communication de M. A. Guébhard vienne les détruire.

Je ne sais ce que ces messieurs répondront ; ils estimeront sans doute que cette bougie éclaire médiocrement la question, malgré les travaux antérieurs de M. Guébhard sur la caniculation, etc., des liquides troubles.

Pour notre part, nous allons faire une réponse des plus précises ; il est bon, avant d'ajouter que M. Guébhard prétend qu'il est nécessaire, pour obtenir une auréole, que la surface appliquée sur la plaque soit convexe, c'est-à-dire surplombant la plaque autour de la ligne de tangence. De plus les expériences de M. Guébhard se font sur la face gélatinée.

Que M. Guébhard veuille bien faire cette petite expérience. Une plaque sensible n'ayant reçu aucune action lumineuse, aucun impressionnement antérieur, est mise dans un bain révélateur à l'hydroquinone, filtré et clair comme du cristal, la face gélatinée en dessous ; qu'il applique sur le côté verre, pendant cinq minutes, un aimant assez puissant (aimant de Charcot). Laver la plaque au sortir du bain, fixer à l'hyposulfite. M. Guébhard verra alors sur son cliché non plus une tache noire comme avec l'application des doigts, mais d'un point part un rayonnement en tous sens ; les lignes de flux, arrivées à une certaine distance de leur point d'émission, se rejoignent entre elles, s'anastomosent et forment de petits quadrilatères ; il faut voir, pour se rendre un compte exact des résultats, les clichés que nous avons obtenus avec cette technique. Dès le début, MM. Luys et David avaient obtenu des résultats en appliquant l'aimant sur la face gélatinée ; ces résultats pouvaient être discutés, en raison de l'action chimique que pouvait produire le fer dans le bain et sur la gélatine. Sous ce rapport-là, ceux que nous avons obtenus par le verso de la plaque sont absolument probants, et nous estimons qu'ils éclairent la question d'un tout autre jour que la bougie de M. Guébhard.

« Les épreuves de MM. Luys et David, pour être concluantes, ne donnaient pas néanmoins une image semblable à celle fournie par les doigts. Les résultats fournis par la technique que nous venons de décrire sont, au contraire, absolument semblables à ceux que donnent les doigts. Et il n'y a pas exagération à affirmer que ce qui constitue les effluves digitaux agit sur le gélatino-bromure exactement comme le flux magnétique. Cette expérience a été renouvelée en appliquant sur l'envers d'une plaque 18 × 24, d'une part l'aimant, un flacon, une bougie et des fragments de plomb ; à l'autre extrémité nous avons posé trois doigts. *Seuls, l'aimant et les doigts ont donné un résultat sur lequel nous reviendrons.* Nous sommes fort loin des conditions physiques de M. Guébhard.

« La surface des pôles de l'aimant étant plane, appliqué en outre sur le verre de la plaque sensible, dans un liquide clair, on peut aussi donner au liquide tous les mouvements possibles sans que cela change en rien le résultat. Qu'en pense la bougie de M. Guébhard ? et que devient sa théorie sur... (*voir plus haut*). M. Guébhard essaiera d'expliquer cela par une attraction moléculaire des matières en suspension dans le liquide révélateur. Avant d'entrer dans cette voie, qu'il veuille bien lire ceci :

« M. de Rochas a obtenu les mêmes résultats que ceux donnés par l'aimant, en plaçant la plaque sensible dans un bain d'*eau distillée* et en appliquant, pendant vingt minutes, les doigts du côté du verre. On développe ensuite par les méthodes courantes. Nous avons renouvelé cette expérience en employant l'aimant ; les résultats sont les mêmes que si la plaque était *dans le révélateur*, comme dans la première expérience.

« Nous devons ajouter que les photographies obtenues avec les aimants confirment les idées de M. de Rochas sur la vision, par les personnes en état d'hypnose (**25**), du flux coloré des pôles de l'aimant (sauf la couleur, bien entendu) et de la direction que prend le flux magnétique quand on éloigne ou que l'on rapproche deux barreaux aimantés.

« Que va répondre M. Guébhard ?

« Nous devons lui dire que toutes ces expériences, celles de MM. Luys et David, de Rochas comme les nôtres, sont faites entièrement de bonne foi, en écartant toutes les chances d'erreur, en opérant avec des liquides d'usage courant, c'est-à-dire propres, et ne donnant jamais pour les usages courants (radiographie) ni moutonnement, ni zébrure, même au repos le plus absolu.

« Ces messieurs ne travaillent que par souci et par besoin de vérité.

« M. Guébhard est excusable de vouloir défendre jusqu'au bout des théories qu'il a toujours défendues ; nous concevons qu'il ne soit pas enchanté des découvertes nouvelles pouvant montrer qu'il s'est trompé. L'homme n'est pas fait de matière idéale, et il doit parfois s'incliner sans honte devant la vérité chaque jour changeante.

« Malgré que nous estimons la cause gagnée, si on nous démontre quelque jour que nous avons fait fausse route, nous avouerons notre erreur.

« Il faudra pour cela autre chose que la bougie et les liquides troubles d'un physicien, fût-il archi-vrai. »

55. Le 15 novembre 1807, M. Guébhard adressait à l'Académie des Sciences la note suivante : *Sur un mode d'enregistrement photographique des effluves thermiques*, insérée dans les *Comptes rendus* du 22 novembre suivant, tome CXXV, page 814 :

« Au cours d'une récente étude expérimentale [1] sur les curieux phénomènes de ségrégation moléculaire observables dans les liquides troubles, en général, et, plus particulièrement, dans les bains de développement photographique, même filtrés, abandonnés au repos, phénomènes qui, représentant les dernières vibrations tourbillonnaires dans lesquelles s'éteint le mouvement de masse du liquide, sont enregistrés par le gélatino-bromure indépendamment de toutes autres actions antécédentes ou concomittantes, j'avais été amené à observer que, si l'on peut imiter avec un corps inerte quelconque, analogue de forme et de consistance au doigt humain, toutes les apparences qualifiées par certains auteurs de *photographies d'effluves humains*, l'on ne peut cependant arriver à une identique intensité d'impression photographique, si l'on n'imite

[1] *Société française de Physique*, 18 juin et 16 juillet 1897.

également les conditions thermiques de la chaleur animale. L'importante action de la chaleur obscure étant, par là, mise en évidence, j'ai cherché à en préciser le rôle et à en étudier les particularités.

« Etait-ce au gélatino-bromure ou au liquide qu'il fallait imputer

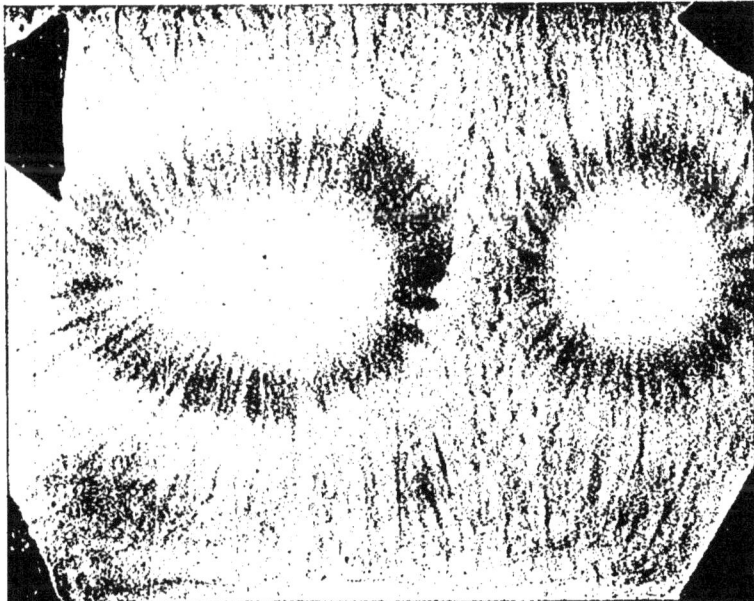

Fig. 9. — Effluves de deux pôles chauds, obtenus en appliquant pendant douze minutes sur la face verre d'une plaque posée sur des fragments de glace, épaisse de 8 millimètres, dans un bain de 100 centimètres cubes au diamidophénol : à droite un doigt humain (médius de la main gauche) ; à gauche un boyau de caoutchouc mince gonflé d'eau chaude, l'un et l'autre appuyés sur les rebords de la cuvette de verre (Portion de cliché 9 × 12 réduite de 1/17).

les magnifiques radiations observées autour des *pôles thermiques*[1], appliqués soit directement sur la couche sensible, en position ordinaire, soit, plutôt, sur la face verre, seule émergente, de la

[1] Eloigné des ressources d'un laboratoire urbain, je remplissais d'eau chaude ou froide de petits cylindres de fer-blanc (fermoirs d'étuis à thermomètres Tonnelot), de 15 millimètres de diamètre, 8 centimètres de hauteur, et environ 10 centimètres cubes de capacité utile, enveloppés d'une épaisse moquette isolante et fournissant, malgré la condition défavorable de l'inégale répartition des densités liquides sous l'influence de la chaleur, un contact thermique assez sûr et constant par leur base métallique fermée.

plaque retournée, procédé qui donne, surtout avec des épaisseurs de bain de 7 à 8 millimètres, des résultats bien plus souvent indépendants des ultimes girations du liquide? La réponse semblait préjugée par ce fait que rien de semblable ne se révèle jamais sur le gélatino-bromure, s'il n'a reçu préalablement, ou ne recèle à l'état latent, le minimum de *voile* indispensable à un commencement de

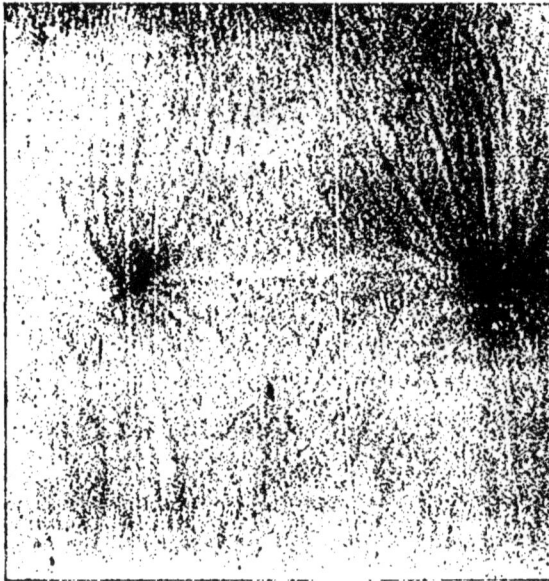

Fig. 10. — Effluves de deux pôles froids, obtenus en appliquant pendant dix minutes, sur la face verre, seule émergente, d'une plaque posée sur deux cylindres de verre de 7 millimètres de diamètre, la base de deux tubes fermés en fer-blanc, de 15 millimètres de diamètre, remplis de glace pilée (Portion de cliché 9 × 12 en grandeur naturelle).

réduction dans le bain employé. Aucun doute ne peut subsister, quand on constate qu'une plaque soumise à sec, sur l'une ou l'autre face, à l'action, même prolongée, de pôles thermiques, et, aussitôt, ou après refroidissement, développée dans un bain, soit agité, soit au repos, ne montre jamais rien de spécial, que, tout au plus, la marque parfaitement délimitée de la portion de gélatine touchée, sans aucune de ces apparences d'*effluves* que représentent les figures ci-contre.

« Les trois premières montrent l'action réciproque de pôles de même nom ou de noms contraires. Dans tous les cas, l'ensemble des lignes de flux correspond sensiblement à l'un des systèmes orthogonaux du réseau isotherme que donnerait le calcul de l'équation Δ pour les valeurs de pôles correspondantes.

« La même chose se vérifie pour la figure 12. Mais celle-ci forme, avec la figure 13, un ensemble sur lequel il importe d'insister. Elles ont été obtenues, en effet, simultanément, sur deux plaques mises face à face dans le même bain, séparées par des lames de verre de 3 millimètres, et la supérieure portant, sur sa face émergée, un pôle chaud entre deux autres froids.

« On remarquera qu'il y a une inversion complète de l'image des pôles sur la plaque inférieure, où une tache sombre correspond au disque lumineux du pôle chaud, et des taches claires aux deux centres noirs de rayons froids. Le fait n'est pas de hasard, mais bien constant, du moins dans les limites de 1^{mm},5 à 8 millimètres, où j'ai opéré. Mieux que cela, si l'on forme une *pile de glaces* composée soit de deux couples semblables au précédent, simplement posés l'un sur l'autre, les deux glaces moyennes se touchant dos à dos, soit de glaces toutes équidistantes et face en haut, sauf la supérieure retournée, on retrouvera sur toutes les gélatines tournées en haut les mêmes polarités inversées que sur la seconde, de signes contraires à la première. D'autre part, si deux glaces, face en bas, superposées à une troisième face en haut, sont espacées à 3 millimètres, la dernière seule présente des pôles de couleur inverse aux deux autres.

« Curieuse analogie des actions à distance caloriques et électriques, de laquelle il convient de rapprocher la différence d'aspect absolument constante et caractéristique des deux pôles chaud et froid, le premier, disque luminoïde estompé, sensiblement correspondant à la forme du contact calorique ; l'autre réduit soit à un point, soit à une ligne diamétrale dirigée vers le pôle chaud et d'où partent les *rayons de froid*, toujours plus visibles que les autres, en noir, sur les épreuves forcément voilées.

« Mais la prépondérance d'action des mouvements vibratoires et des interférences d'ondes à l'intérieur du bain est attestée non seulement par cette stratification rayonnante du liquide hétérogène

en bandes alternativement actives et inactives, dessinant presque
mathématiquement des lignes de flux, mais encore par la présence
fréquente, autour des pôles de chaleur, et quelquefois même des
autres, de zones auréolées, positives et négatives, semblant se
rattacher au système orthogonal isotherme. Enfin l'intervention de
la pesanteur est peut-être pour quelque chose aussi dans cette

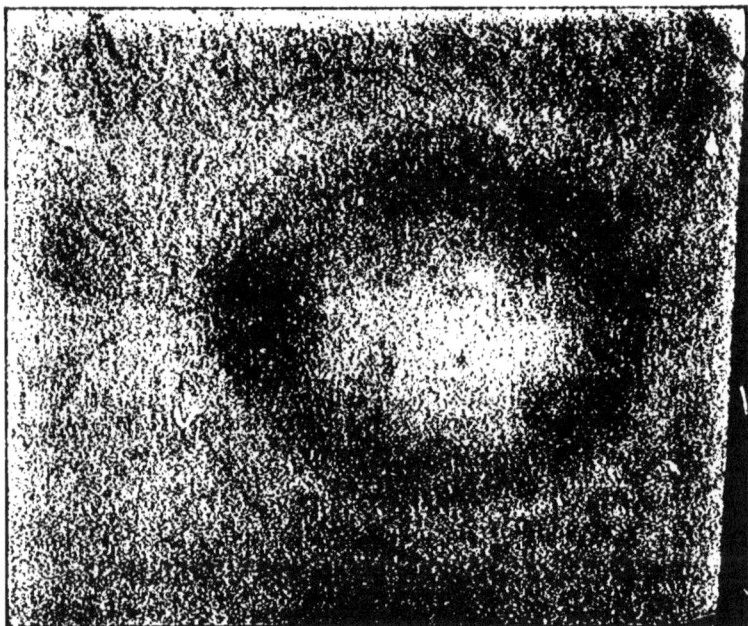

FIG. 11. — Effluves de deux pôles de noms contraires et d'inégale intensité, l'un à 46°
au début, 26° à la fin, l'autre à 0° tout le temps, le bain étant à 15°.

diversité d'action révélatrice[1], qui fait naître, sur une même
verticale, des pôles inverses simulant une véritable *induction
thermique*.

« La question est loin d'être épuisée. Mais il m'a semblé utile
d'en signaler l'importance, alors même que rien ne doive paraître
moins surprenant *a posteriori* que cette remarquable influence

[1] Toutes les figures reproduites ont été obtenues avec un bain normal affaibli de
diamidophénol.

régulatrice des vibrations thermiques sur un phénomène moléculaire, qui, dû à un arrêt de mouvement, c'est-à-dire à une disparition d'énergie mécanique, ne pouvait faire autrement que d'équi-
valoir, en fin de compte, à un phénomène thermique lui-même. »

56. Mais le défenseur des droits de la physique pure ne voulut
pas laisser sans réponse la critique qu'avait faite de ses explications M. Ch. Brandt dans la *Radiographie* et la *Photo-Revue*, et il
adressa la lettre suivante au *Journal des Photographes*, qui la
publia aussitôt :

« Saint-Vallier-de-Thiey (A.-M.), 18 novembre 1897.

« Monsieur,

« Je viens enfin d'avoir connaissance, par la reproduction qu'en
a faite *Photo-Revue*, d'un article de journal, — jusqu'alors
introuvable, — d'un M. Brandt, ancien collaborateur, paraît-il, de
la mirifique découverte des *photographies d'effluves humains*, de
feu Luys et M. David : feue découverte, aussi, devait-on croire, après
que j'avais montré que *tous* les effets observés par Luys et
M. David, *tous* sans exception, se pouvaient obtenir, identiques de
form°, et souvent plus intenses, avec des objets inertes, à peu près
quelconques.

« Aussi bien ne semble-t-il pas que ce soit pour ressusciter le
cadavre, mais plutôt pour s'en faire un piédestal, qu'a surgi ce
rétrospectif défenseur, dont le langage, rien moins que courtois,
eût pu, à la rigueur, me dispenser de toute riposte. — Il se fâche,
Monsieur Josse : donc il a tort. — Mais il y a toute une partie de votre
grand public qui, n'entendant jamais qu'une cloche, la plus bruyante,
et laissée ignorante des silencieuses recherches de la science désin-
téressée, pourrait *couper*, à la fin, à ces appels de boutique et prendre
pour aveu de ma part ce qui n'eût été que dédain. Et puis, pourquoi me priverais-je de la joie rare, au milieu d'occupations généralement peu folâtres, de mettre en tranches, pour la mieux savourer, la régalante démonstration fournie par ce radiographe, qui,
trouvant si drôle qu'il puisse y avoir de *vrais* physiciens, montre si

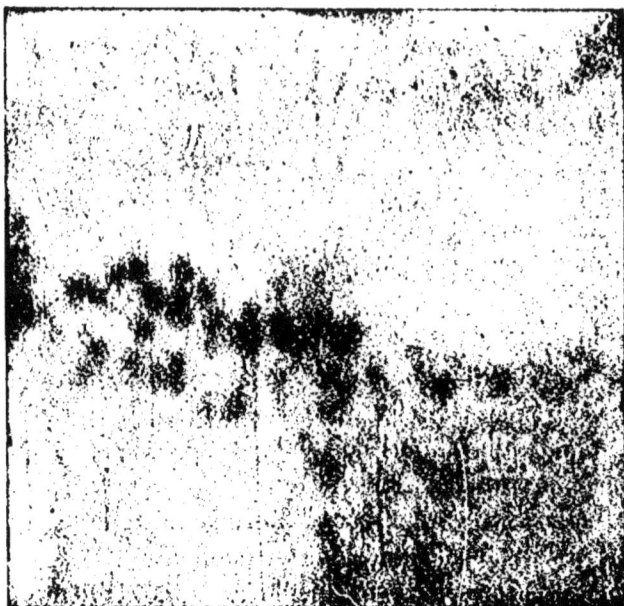

Fig. 12 et 13. — Inversion polaire produite sur une plaque mise, face en haut, à 3 millimètres en-dessous d'une autre, soumise, par sa face verre émergente, à l'action d'un pôle chaud (50° au début, 22° à la fin) entre deux pôles froids (0° au début, 5° et 6° à la fin) (portions de clichés 9 × 12 légèrement réduites).

bien que la race des... *autres* n'est pas encore près de disparaître?

« Il parle « bonne foi » pour commencer et « bonne foi » pour finir, ce qui est fort beau... ma foi! et pas cher! Mais si, de cette « bonne foi » sonorement prodiguée, il a mis tout le restant disponible dans le corps de sa glose, on se demande pourquoi il y a parlé de tout, et même d'autre chose, excepté de mon petit *doigt de caoutchouc*, de ce boudin léger, gonflé d'eau chaude, qui a écrit d'avance le *Mané, Thécel, Pharès* de toute la mise en scène nouvelle, en se faisant fort d'en répéter toutes les expériences, — *toutes*, entendez-vous? — aussi bien que votre doigt d'effluviste exorcisant.

« Certes, il semble plus noble, et ça épate mieux le public, de prendre du mercure dans un gant, que de l'eau de fontaine dans un *bibi* de camelot, payé deux sous à la foire. Mais le physicien *vrai* qui sait que la capacité calorique du mercure est quasi nulle par rapport à celle de l'eau — à peine les trois centièmes! (l'*autre* physicien l'ignore-t-il, ou le savait-il trop bien?) — et que le petit sac à mercure, sitôt refroidi que chauffé, aura perdu, peut-être avant de toucher la plaque, le peu de calories qu'on y aura mises, celui-là ne s'étonnera pas que le glorieux hydrargyre ait fait four là où réussit, à l'égal du doigt humain, mon trivial sac à eau.

« Certes, ça en impose toujours, ce vieux truc de magnétiseur, de parler magnétisme *vrai* quand on discute l'*autre*. Mais la diversion, pour classique qu'elle soit, n'en est pas moins mauvaise. Car, aussitôt, le physicien *vrai*, celui qui pourtant n'ignore aucune des actions *vraies* du magnétisme sur les liquides ou sur l'éther inclus, celui-là de demander à l'*autre* par quel *tour de physique* il a pu saisir un « fort » aimant et l'installer vertical sur un fragile pont de verre, sans communiquer au susdit quelques-uns de ses effluves... caloriques, lesquels, ajoutés à ceux que dégagent le choc du lourd fer à cheval sur la glace, la déformation élastique de celle-ci et le déplacement correspondant du liquide sous-jacent (surtout si l'on opère sur une plaque toute proche du fond de la cuvette) pourraient bien être les seuls facteurs des effets gratuitement attribués au magnétisme. Notre observateur si scrupuleux (pour les autres) a-t-il essayé ce contrôle si simple de mettre, à la place de son aimant, un fer à cheval semblable, non aimanté? A-t-il, pendant la durée de l'expérience, empêché ce grand morceau de métal noir de fonctionner comme aspirateur de calories, absorbant dissymétriquement, pour les transmettre au liquide, les effluves... thermiques de la lampe, ou du calorifère, ou des parois, ou encore de ces calorifères ambulants que doivent être, bien mieux que le commun des mortels (et surtout en fièvre de découvertes!), les porteurs convaincus du fluide mystérieux?

« Mais non! Ce sont là précautions indignes d'un « chef de laboratoire de radiographie », et bonnes, tout au plus, pour un « garçon de laboratoire » (et non de radiographie encore!), incapable, celui-là, le jour où lui viendrait le grand concept de saucissonner son doigt d'un fil de cuivre, pour mettre l'autre bout, roulé en galette, sur le dos d'une plaque photographique et regarder ensuite « si cela n'aurait pas donné quelque chose », de prendre ce quelque chose pour autre chose qu'un effet de la douce chaleur animalement secrétée par son individu et obscurément dégoulinée le long du fil conducteur.

« Ne serait-ce pas trop bête, pour un radiographe, de savoir que le cuivre est conducteur de la chaleur? Mieux vaut, de très bonne foi (cette fois, je vous crois!), l'ignorer, car non seulement *la foi sauve*, comme dit un proverbe, qui, prudemment, ne spécifie pas que ce soit... du ridicule, mais encore ça permet de faire son petit effet sur la galerie, en disant son fait à cette vieille baderne de science « officielle », et à tous ces ânes bâtés de savants déliquescents, à qui a échappé jusqu'à ce jour la grande — et si facile! — découverte de la conductibilité du cuivre pour le magnétisme, même non animal.

« Heureusement, de l'Est, un « psychiâtre » vint; et, dans certain laboratoire, qui n'est pas au coin du quai, la lumière fut. Et, par l'ancien journal de Gaston Tissandier, — qu'on ne s'attendait guère de voir en cette galère, — fut jeté aux quatre coins de l'univers le triomphant syllogisme que voici : « La main humaine, au dos de la plaque, donne quelque chose : vous voyez bien ces cinq petits soleils pulpaires avec leur gloire d'incontestables rayons? D'autre part, l'aimant, au dos de la plaque, donne quelque chose : vous voyez bien ce petit écheveau de vermicelles à la purée de cervelles, où,

> *... je ne sais pour quelle cause,*
> *On ne distingue pas très bien.*

Ces deux gravures ne se ressemblent, il est vrai, pas du tout ; mais elles ont cela de commun que, dans chacune, il y a des lignes blanches sur noir et des traits noirs sur blanc. *Donc* ces deux choses sont la même chose, et cette chose est le magnétisme, le Magnétisme, tout court, par un grand M. » Et voilà ! ! !

« En vain, le physicien *vrai* vous répètera-t-il que toute vos figures digitales, *quelles que soient les conditions dans lesquelles vous les avez obtenues*, peuvent être reproduites exactement avec un doigt inanimé quelconque, pourvu que celui-ci soit capable de céder à la gélatine et au liquide le même nombre de calories que le doigt humain, c'est-à-dire (si l'on ne peut entretenir constante la température au point de contact) chauffé de manière que cette température, au début, surpasse d'autant de degrés la chaleur humaine qu'elle lui sera inférieure à la fin ; — que *tous* vos effets d'aimants s'obtiendront avec un fer à cheval semblable, non aimanté, si les autres conditions de l'expérience sont les mêmes, spécialement celles de température ; — que si vos prétendus effluves, soit du doigt, soit de l'aimant, étaient de vrais effluves ayant une quelconque action sur le gélatino-bromure, vous devriez pouvoir reproduire vos figures bien plus commodément en faisant agir la main ou l'aimant *à sec*, puis en développant à la manière ordinaire ; — mais que vous vous en garderez bien, car vous ne doutez pas, vous-même, que tout ne vienne du bain, dans lequel on peut suivre, à l'œil nu, en plein jour, sans plaque gélatinée, avec seulement un peu de patience et une bonne vue, tous les phénomènes de ségrégation moléculaire, peut-être mal connus jusqu'à ce jour, mais dont je suis en train de débrouiller les conditions purement physiques[1], réductibles, en dernier lieu, à deux principales : calorification et mouvement, ce qui est tout un...

« Au lieu de vous prêter à ces contrôles physiques trop simples et dénués d'effet théâtral, vous préférez vous enferrer à l'égal — ou pis, car sans la belle naïveté — du Dr Baraduc que vous exécutez si cruellement, alors que son innocente rêverie et sa logomachie mystique avaient au moins l'avantage, sur votre affectation de science,

---

[1] *Société française de Physique*, 18 juin et 16 juillet 1897. — *La Vie scientifique*, nᵒˢ 106, 108, 110. — *Comptes rendus de l'Académie des Sciences*, 15 novembre 1897.

pas *vraie*, — ni apprise, ni comprise, — de n'être que doucement désopilante et point prétentieusement arrogante et belliqueuse. Est-ce donc lui, ou vous, qui avez découvert entre les « effluves masculins » et les « effluves féminins » (oubliant les seuls vrais, les *neutres !)* la « même » différence qu'entre les images des étincelles électriques, positive et négative ?

« Vieille histoire de la poutre et de la paille ! Discorde de fatal augure, en l'encombrante confrérie du Doigt-dans-l'œil... des autres !

« Vous vous étonnez que mon bout de bougie (non allumé) n'ait pu faire la lumière en votre cerveau ; mais il est des boîtes crâniennes que les rayons X eux-mêmes ne peuvent pénétrer que pour en montrer la viduité en certaines cases, celles de la logique, de la modestie et de la saine critique expérimentale.

« Vous dites que déposer (et non *promener*, s. v. p.) un bout de bougie à la place où le D* Luys avait mis son doigt, et constater que ce bout de bougie (toujours pas allumé), tout comme, à côté de lui, le premier petit cul de bouteille venu, donnaient les mêmes belles radiations que le doigt fluidique du plus illuminé des opérateurs, — vous dites que tout cela « est bien plus l'occupation d'un garçon de laboratoire que d'un physicien (*vrai*) ». Puis aussitôt vous prenez le même bout de bougie et vous le posez sur le dos d'une plaque, où, d'avance, il était certain qu'il ne pourrait rien produire ! Preuve *ad hominem* que, s'il est des physiciens *vrais* qui ne trouvent nullement au-dessous de leur dignité de faire, au besoin, métier de « garçon de laboratoire », il y a des « chefs de laboratoire » qui, le voulussent-ils, seraient parfaitement incapables de cela et qui, quoi qu'ils fassent, ne seront jamais, jamais, des *bons garçons...*

« De méchants ramasseurs de perles, tout au plus ! Car c'est évidemment avec une bienveillance toute relative que vous extrayez, de l'auge photographique, où je l'avais (oublieux du précepte d'Horace, ode à... Marguerite) laissée choir, cette « perle » qui vous fait entre-bâiller de plus en plus belle les valves de votre science très insuffisamment « canaliculée ». « Il y a, dites-vous, dans la technique de M. Guébhard, cette perle : si le bain révélateur est neuf, on emploie une plaque peu impressionnée et pas trop peu impressionnée si le bain est affaibli. »

6

« Je me demande vraiment en quoi ce voile préalable, ration-
nellement proportionné à l'énergie du révélateur, à seule fin de
permettre l'emploi de bains vieux et de plaques lentes, pour obvier
à la prédominance des striures de première immersion dans les
bains trop actifs, je me demande vraiment en quoi cette pratique,
utile, mais nullement *sine quâ non*, peut gêner en aucune façon vos
impressions de *fluide vital* ? Serait-ce que ce prétendu concurrent
de la lumière ne pourrait pas supporter la lumière ? ou qu'il serait
humilié d'arriver en second ? ou qu'il refuserait, à l'encontre de
toute autre source lumineuse, de superposer tout simplement son
image à une précédente impression ? Et croyez-vous donc que vos
plaques instantanées ne recèlent pas toutes, à l'état latent, le commencement de voile que je conseille simplement de donner tout
franc aux plaques qui en sont dépourvues ? Et fallait-il donc ajouter
explicitement, à l'intention des gens à comprenette obstruée, qu'avec
ces plaques-là et des bains frais ma recommandation serait plus
nuisible qu'utile ?

« Mais, que dis-je ? Luys, votre maître, n'opérait-il pas souvent
à cette lumière jaune, à laquelle je ne demande, moi, par occasion,
qu'une ou deux secondes d'action ? Et vous-même, si peu prodigue
habituellement d'indications précises permettant un contrôle quelconque de vos expériences, ne vous échappe-t-il pas, à la fin, que
vos soi-disant enregistrements de flux « magnétiques » ne sont dûs
qu'à « des molécules d'argent *ayant déjà recu une action lumineuse?* » Avez-vous jamais obtenu autre chose que, tout au plus,
les auréoles calorifiques et capillaires, en opérant sur des plaques
dont un morceau témoin, laissé dans un bain voisin, hors de portée
de vos *effluves*, n'aurait pas noirci peu ou prou ? Voilà ce que je
vous défie bien de réaliser, et ce que vous n'essaierez pas plus que
l'emploi de mon *doigt de caoutchouc*, pas plus que l'impressionnement de la plaque à sec, pas plus que l'étude *à blanc* des phénomènes très divers, et par vous confondus, qui se passent au fond ou
à la surface des liquides, sous l'influence des différentes forces
physiques que connaissent certainement mieux que vous les *physiciens* du gobelet.

« Et, si vous daignez enfin condescendre à ces simples expériences
de critère, qu'il n'en soit pas, pour Dieu ! comme de ce que j'ai dit

relativement au mouvement du liquide ! J'ai dit, et je répète, que, dans un liquide continuellement remué, jamais n'apparaît aucune *aura* ou *pluie fluidique* de Baraduc (**57, 65**) ; j'ai dit, et je répète, que, dans un liquide consciencieusement remué, jamais le procédé Luys ne donne d'*effluves*, mais à peine de vagues auréoles sans rayons, qu'il s'agisse du doigt de chair ou de caoutchouc ; j'ai dit, et je répète, qu'avec un liquide remué « de bonne foi » jamais votre procédé à rebours ne donne rien non plus, que d'incertaines nébulosités que fournirait indifféremment une main chaude quelconque, de viande ou de baudruche. Si donc vous affirmez le contraire, et lors même que vous laisseriez dans le plus grand vague *ce que* vous avez bien pu obtenir en remuant, je ne craindrais pas de vous affirmer à mon tour que c'est, alors, que vous ne savez pas mieux remuer des bains, même clairs, que des idées, même troubles et que, très probablement, le mouvement par vous communiqué à la petite masse de révélateur emprisonnée entre votre plaque et le fond concave de votre cuvette a été de cette espèce que les mathématiciens dénomment, et pour cause, mouvement *stationnaire*. — Une balançoire, quoi !

« Libre à vous, d'ailleurs, de croire qu'un révélateur photographique, au sortir du filtre purificateur (dont il paraît que, moi, j'ignore l'usage !), demeure, dans votre cuvette, et en contact avec vos doigts fluidiques, « limpide et clair comme le cristal » ! Libre à vous d'ignorer qu'un liquide, même chimiquement pur, même homogène comme l'eau distillée de M. de Rochas, affecte physiquement, sous l'influence des vibrations mécaniques ou thermiques, une structure « canaliculée », correspondant matériellement à la conception théorique des *tubes de force*. Libre à vous d'ignorer ce que sont les *tourbillons annulaires*, et, faute de soupçonner l'intime rapport des susdits avec le magnétisme, le *vrai*, de laisser choir de vos lèvres autorisées un dédaigneux : « cette explication ne me contente pas ! », après que j'ai fait de la mondiale hypothèse de Helmholtz et Maxwell une modeste application à quelques-uns des infimes microcosmes par mes yeux aperçus. Libre à vous d'ignorer bien d'autres choses plus élémentaires et d'en croire quantité d'autres simplement absurdes...

« Prendre pour lanternes les vessies qu'on a soi-même gonflées, fut toujours un des droits les plus imprescriptibles du citoyen. Mais les exhiber comme phares ou les *brandir* sur le dos des incrédules, ce sont là parades de tréteaux, dont le physicien *vrai*, perdu dans la foule, peut bien rire un instant, de loin, avec les badauds, mais sans mordre au boniment fait pour appeler le gogo dans la baraque. Seulement, à la fin, tout ce tapage agace, et, faute de pouvoir se fermer les oreilles, ou fermer à l'autre la bouche, on voudrait bien, au moins, rappeler au bruyant personnage les règles de discrétion élémentaire qui s'imposent à qui veut, de bonne foi, faire profession de savant.

« On a tenu absolument à avoir une réponse : on l'a, du moins sur les points qui méritaient discussion. Quant aux autres, quant aux choses que je n'ai ni dites, ni écrites, ni pensées, et qui me sont gratuitement prêtées pour le plaisir de les relever, je ne saurais mieux faire que de renvoyer à mon tour à l'école, où il m'expédie itérativement, ce jeune futur maître magnétiseur, qui fera bien d'y aller apprendre à lire, d'abord ; à comprendre, ensuite, si possible ; et enfin, s'il ne parvient à filtrer ses idées à la trame serrée de la science vraie, à ne pas au moins dénaturer celles des autres en un français approximatif.

« Et maintenant, est-ce au revoir qu'il faut vous dire? ou bien saurez-vous appliquer à votre usage personnel cette tirade de haute philosophie dont essayait de m'écraser majestueusement votre sereine Grandeur :

« M. Guébhard est excusable de vouloir défendre jusqu'au bout
« des théories qu'il a toujours défendues ; nous concevons qu'il ne
« soit pas enchanté des découvertes (??) nouvelles pouvant montrer
« qu'il s'est trompé. L'homme n'est pas fait de matière idéale...
« (et le fluide, donc ?), et il doit s'incliner sans honte devant la
« vérité chaque jour changeante... »

« Hein, que dites-vous de cette vérité... *chaque jour changeante* (*sic*) ? Est-ce assez fin de siècle, fin de science et « perle » de la fin ?

                                          « A. GUÉBHARD. »

57. — En outre, le journal de photographie *Photo-Revue*, du 1ᵉʳ décembre 1897, reproduisait l'article ci-après du Dʳ Guébhard paru dans *la Vie scientifique*, du 9 octobre 1897.

« L'AURA » DU Dʳ BARADUC. — LES « EFFLUVES » DU Dʳ LUYS. — Il était fait grand bruit, il y a quelque temps, autour de la découverte

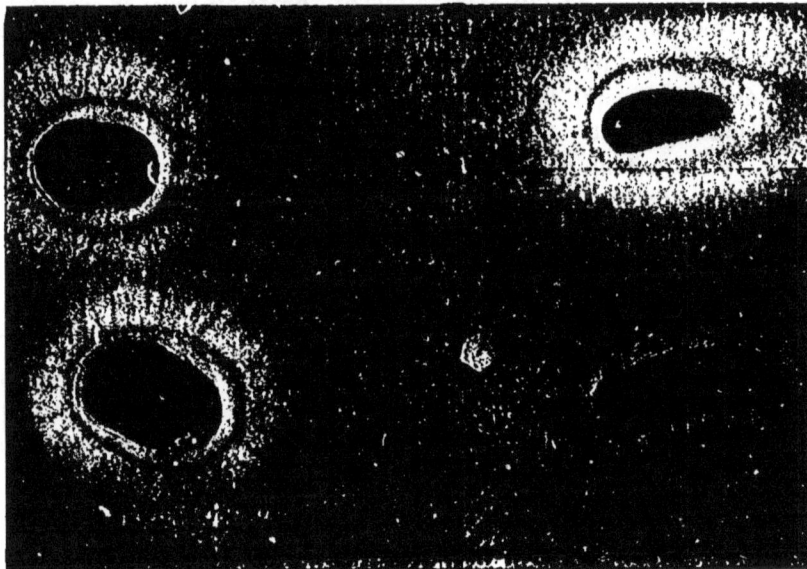

FIG. 14. — Épreuve légèrement réduite d'une portion de plaque lente 13 × 18 Gr. et J., exposée trois secondes à la lumière jaune faible et laissée quatorze minutes dans 80 centimètres cubes d'eau additionnés de 10 centimètres cubes de pyrogallol concentré de Liesegang, avec, à gauche, médius et index de la main gauche, en face, deux boyaux de caoutchouc gonflés d'eau, l'un à température ordinaire en bas, l'autre chaud, en haut.

par l'éminent et bien connu Dʳ Luys [1], d'un « procédé de démonstration photographique », disait-on, ou, mieux, « d'enregistrement scien~ que » de l'existence de ce mystérieux fluide humain, l'*od* de Reich abach, auquel, depuis Mesmer, des générations ininterrompues de mystiques et de mystificateurs, à côté de quelques cher-

[1] Le signataire de cet article était loin de prévoir qu'on aurait si tôt à déplorer la perte de ce savant, l'un de ces « chercheurs sérieux et de bonne foi » dont les erreurs mêmes ne laissent pas que de profiter parfois à la Science.

cheurs sérieux, trouvent commode d'attribuer tous les faits que ne leur permet pas d'expliquer *de plano* leur connaissance incomplète ou leur méconnaissance voulue des lois élémentaires de la Physique et de la Science expérimentale.

« Le procédé de Luys et de son collaborateur, M. David, était fort simple. Appliquer le doigt sur une plaque photographique, dans le bain révélateur, et l'y laisser, *sans bouger*, pendant quelque chose comme dix à vingt minutes. On trouve, après fixage, l'empreinte entourée toujours de superbes auréoles lumineuses et souvent d'une gloire de rayons, qui paraissent en émaner si bien qu'il semble impossible de n'y pas constater l'enregistrement de vrais *effluves* échappés du doigt... et à notre œil. Voyez plutôt, à gauche de la figure 14, ce que peuvent donner l'index et le médius du plus sceptique des expérimentateurs ! N'est-ce pas à s'y tromper?

« Pourtant on a fait mieux encore. Une toute récente brochure du Dr Baraduc[1], véritable chef-d'œuvre du genre, nous montre les photographies reproduites de personnages tout entiers embués de lignes ou taches blanches, promues à la qualité de *photosphère* ou, moins brièvement, d'*atmosphère fluidique, ou aura plastique de la force vitale intrahumaine*, extériorisée dans *l'éther cosmique*, sous forme de *nuage lumineux projeté par la volonté d'une personne vibrante*, ou de *rosée de forces* émise par la *respiration fluidique de l'âme humaine;* puis de *neige lumineuse*, de *gouttelettes de lumière harmonieusement réparties* en *pluie de flocons analogues aux facules solaires;* de *chapelets de perles ou files de gros pois fluidiques*, représentant autant de *parcelles de vitalité vécue*, rejetées par notre *petite vitalité particulière* dans *l'immensité invisible et intransible* (?) *du cosmos ambiant ;* ailleurs, ce sont des *visions de trame de vie* en *zones fluidiques d'anses fines* ou en *tissus réticulés de sensibilité cosmique ;* enfin voici les *lignes radiantes de la suractivité vibratoire animique*, la *tempête de vagues fluidiques d'un accès violent de colère rentrée* (65), ou *de l'agonie mortelle d'un pigeon* (65), les *tourbillons enchevêtrés de l'émanation passionnelle*, et le *triple vortex de force*

---

[1] *Méthode de Radiographie humaine* du Dr HIPP. BARADUC (de Paris). — *La Force courbe cosmique.* — *Photographie des Vibrations de l'Éther.* — Br. in-8° de 50 pages, 21 figures; Ollendorff, éditeur.

courbe cosmique réuni en un seul et formant une atmosphère flui-
dique fusionnée, aura d'affection de trois personnes, n'ayant fait
momentanément qu'un souffle, qu'une pensée, qu'une vibration inté-
rieure sympathique, qu'une contraction morale d'amour... (**66**).

« Et tout cela, remarquez-le bien, sans la moindre tricherie, sans
aucune intervention suspecte de l'électricité, complice ordinaire[1] de
certains charlatans exotiques ; sans même le loyal contact ou
l'attouchement discret du Dr Luys : par simple imposition, côté
verre, de la plaque sèche incluse dans son enveloppe, ou, mieux
encore, « à distance, par la photographie ordinaire, avec appareil, »
dans le noir. Tout au plus, dans ce dernier cas, pouvait-on repro-
cher à l'image du sujet d'être terriblement mal au point, et, par là,
singulièrement fluidifiée, spectralisée, *auralisée* artificiellement dans
un flou plus ou moins voulu. Maladresse ou coup de pouce bien
inoffensifs en ces luxueuses illustrations, qui semblaient le *dernier*
cri de la photographie spirite convaincue.

« Il fallait, pour les lecteurs de la *Vie scientifique*, de plus en plus
fort, et s'il était impossible de prétendre atteindre aux transcen-
dances de style, aux abstrusions de phraséologie dont on vient de
savourer quelques échantillons, du moins devait-on avoir la
primeur (*fig.* 15.) d'une *aura* de plein air et de plein jour, autour
d'un personnage nullement éthérisé, rustique *aura* que M. Baraduc
ne confondra certainement jamais ni avec ses « pois fluidiques
produits sur une plaque restée dans son châssis de bois deux
heures durant, entre les deux cœurs de deux personnes s'affectionnant — preuve de la réalité de la théorie de l'emprise et de
l'imprégnation fluidique dans l'amour fusionnant deux centres
humains de force vitale » ; ni avec le voile très vulgaire (manque
de bromure !) dont il a fait — thérapeute illogique ! — l'*aura*
du recueillement ou de la sérénité d'âme ; ni avec ses tourbillons de la colère, ni avec son vortex de la tristesse, mais tout au
plus avec son limbe perlé de la compassion, pour n'avoir pas à
grossir la collection des *psychicones* d'un numéro spécial inédit, consacré à « l'incrédulité souriant à la pensée du mystère dévoilé ».

---

[1] Voir à ce sujet les énergiques paroles d'un des plus autorisés de nos ingénieurs
électriciens, M. E. Hospitalier, dans l'*Industrie électrique*, du 10 juillet 1897.

« Mystère qui tient, avec celui du Dr Luys, en une seule ligne : *ces praticiens omettent simplement d'agiter leur révélateur !* Tout révélateur, ou à peu près, abandonné sur une plaque capable de noircir, donne, sans la moindre impression « odique », et si seulement le bain ne dépasse pas quelques millimètres de hauteur, un tachetage, non pas lumineux, malgré les apparences, mais, en réalité, tout chimique, orienté suivant des lignes, non pas d'effluves éthérés, mais de flux liquide, et simulant, par son action sur la gélatine, au cours de ses phases successives, tous les aspects divers que nous avons vus mirifiquement décorés de si beaux noms.

« Rien de plus facile que de suivre tout le processus à l'œil, sans révélateur, avec un liquide trouble quelconque, pourvu que les particules en suspension ne présentent pas, avec le liquide, une différence de densité telle que la pesanteur paralyse le libre jeu des actions moléculaires.

« La plupart des révélateurs (sauf ceux qui, préparés d'avance, ont, pour ainsi dire, pris à loisir leur équilibre chimique ; ou ceux qui, comme l'oxalate ferreux, ont une précipitation massive et brusque) réalisent, même préalablement filtrés, la condition voulue, à cause des doubles réactions qui se passent lentement dans leur intérieur au contact du gélatino-bromure. De très bons résultats s'obtiendront en diluant de moitié environ, ou plus ou moins, suivant l'impressionnabilité de la plaque, et plutôt sans bromure de potassium, le mélange à parties égales des deux solutions suivantes fraîchement préparées :

A. Eau.............. 100	B. Eau.................. 100
Sulfite de soude 15	Carbonate de soude.... 4
Acide pyrogallique.. 2	

Le bain est souvent meilleur à la seconde qu'à la première fois et peut servir presque indéfiniment, si l'on remplace chaque fois un cinquième environ par du neuf.

« Au lieu d'emprunter à une faible exposition préalable, pour les plaques lentes, ou d'attendre du voile latent, pour les plaques rapides, le minimum d'impression nécessaire à une révélation quelconque, on peut, en n'opérant qu'avec les premières, s'en remettre à l'action convenablement modérée de la lumière jaune

du laboratoire ou de la lampe ordinaire à pétrole, et suivre alors
visiblement tous ces curieux mouvements moléculaires internes
dans lesquels semble s'épuiser, comme en un fractionnement
tourbillonnaire, les dernières forces vives du mouvement de masse,

Fig. 15. — Contre-épreuve d'une portion de positif 9 × 12 laissée quatorze minutes
dans un bain formé de 25 centimètres cubes d'eau et 10 centimètres cubes de chacune des solutions décrites dans le texte.

singulièrement vite amorti, de la nappe liquide : sorte de striation
rouge superficielle, d'abord, puis de cloisonnement cellulaire et de
réticulation polygonale, et enfin de schistation canaliculée ou de
stratification verticale, séparant systématiquement de l'atmosphère
liquide les particules légères pour les réunir en glomérules ou

alignements tout à fait semblables, de forme et de formation, aux *cumulus* et *stratus* de la météorologie.

« De là, des inégalités de répartition de l'activité réductrice du révélateur, qui s'enregistrent sur la plaque, en superposant simplement leur action chimique à toute autre, antécédente ou simultanée d'origine lumineuse ou non.

« La prétendue *aura* n'est que l'image résultante des derniers mouvements du fluide. Libre donc, avant le bain, de combiner telle mise en scène que l'on voudra. Qu'on chauffe la plaque entre deux cœurs, ou la couve à trois mains (système Baraduc), qu'on la menace d'un index, ou la darde d'un œil plus ou moins fatal (système Luys), qu'on l'impose à un occiput, ou l'oppose à un pavillon d'oreille (re-système Luys) : mieux on aura gardé les distances, évité tout contact matériel, hermétiquement fermé le châssis, — et plus sera pure de toute promiscuité malencontreuse et de toute souillure matérielle l'image des *effluves*... du liquide, lesquels s'obstineront sûrement à ne pas se montrer, pour peu qu'on donne là à cuvette son balancement habituel.

« Sauf réserve pour le phénomène des *auréoles* et pour le truc de la *plaque mouillée*, sur lesquels nous aurons à revenir, je défie le plus énergique des extérioriseurs d'âme et des sécréteurs d'effluves de faire résister une *aura* à la petite balançoire photographique. Agitez donc, agitez, Messieurs, vos cuvettes, avant de nous servir de pareilles découvertes, et cessez d'agiter l'opinion avec ce nouvel avatar, qui risquerait de compromettre à toujours la cause, après tout défendable, de la recherche, en l'être vivant, d'une modalité particulière de l'énergie, échappant à la gamme trop restreinte de nos sens, mais destinée à n'échapper peut-être pas toujours aux instruments des physiciens.

« Adrien GuÉBHARD,

« *Agrégé de physique des Facultés de Médecine.* »

58. Le 1er janvier 1898, le même journal *Photo-Revue*, comme premier chapitre d'un *Petit manuel de Photographie spirite sans « fluide »*, publiait l'article suivant de M. le Dr Guébhard :

Les « effluves » de feu Luys et M. David. — 1° Voulez-vous obtenir, sans doigt ni main ni rien d'humain, les *effluves digitaux de fluide humain* de feu le D⟨r⟩ Luys, et de son ex-collaborateur, M. David?...

« Prenez une plaque et un *bibi* de caoutchouc... Vous savez bien?... un de ces petits boudins criards que les camelots vendent dans les foires comme sifflets... Gonflez le *bibi* avec ce que vous voudrez, sauf de l'air : sable, eau, grenaille... jusqu'à consistance et forme de doigt humain. Mettez la plaque sous quelques millimètres de révélateur capable de la noircir[1], et installez le *doigt de caoutchouc* arc-bouté sur le rebord de la cuvette, une extrémité posant sur la gélatine, l'autre courbée au dehors par un contrepoids attaché au nœud de serrage : imitation complète de l'attitude du doigt vivant.

« Attendez, et regardez. Et vous verrez la plaque se couvrir d'abord de chapelets de taches, puis de véritables rayons qui paraîtront émaner tous de très belles auréoles lumineuses, coupées en deux par un étroit nimbe obscur, autour de l'empreinte du doigt artificiel.

« Après dix à quinze minutes, fixez. Et vous aurez les effluves... d'un *bibi de caoutchouc*, aussi beaux et à peine moins intenses que ceux que vous donnerait, sur la même plaque, l'index fatal du plus *odique* des magnétiseurs.

« 2° Si vous n'avez pu vous procurer un *bibi*, prenez, pour mettre sur la plaque, tout ce qui vous tombera sous la main : petits flacons, balles, billes et boules, jouets d'enfant, etc., et vous aurez les *effluves*... d'un cul de bouteille, d'une toupie, d'un âne bâté, etc. Seuls, parfois, les nimbes lumineux ne se montreront pas; et vous constaterez que cela dépend uniquement de la forme des objets au point de contact.

« Les photographies « magnétiques » de *la Nature*. — 3° Au lieu d'employer la plaque en position ordinaire, mettez-la dans le bain, sur des supports[2], face sensible en bas, la face verre en haut, seule

---

[1] Si la plaque n'est pas une instantanée, ou le révélateur très énergique, il faut, par une courte exposition préalable à une lumière faible, fournir au gélatino-bromure le minimum d'impression nécessaire pour qu'il puisse noircir sous l'action du révélateur employé.

[2] Ce que j'ai trouvé de plus commode comme supports, permettant un facile réglage préalable de la surface horizontale du liquide, est l'emploi de simples punaises à dessin, mises dans la cuvette, en triangle, la pointe en l'air.

à sec. Posez dessus n'importe quels petits objets de votre immédiat entourage, et vous constaterez qu'aucun ne marquera sa présence sur la plaque noircie, au milieu d'une espèce de réticule de lignes claires, dont j'avais, dès le début de mes expériences[1], noté l'aspect tout spécial et très différent de ce que montre la plaque en position ordinaire : tantôt enchevêtrement serré de vermiculations à l'aspect de bouillie de pulpe cérébrale, et tantôt fin cloisonnement polygonal, analogue aux stries de la porcelaine craquelée et d'autant plus lâche et d'autant plus pâle que plus grande a été la quantité de liquide sous-jacent.

« La plaque, sans rien, eût donné exactement la même chose. Ce sera, si vous voulez, l'*aura*... du néant.

« 4° Au lieu (ou au milieu) de ces petits objets, mettez, bien sec, le *bibi* de tout à l'heure.

Toujours *néant*.

« 5° Au lieu de contacts inertes, appliquez sur la plaque vos doigts vivants. Et voici de magnifiques radiations, plus belles encore et plus régulières que celles de la méthode Luys, avec, seulement, en moins, les auréoles, mais en plus, au-dessous de chaque doigt, un vrai soleil pulpaire, avec chevelure d'incontestables rayons. De quoi éblouir les plus aveugles, aveugler les plus clairvoyants !

« — Magnétisme humain ! » s'écrie *la Nature*, qui trouve ça... pas nature.

« 6° Au lieu de vos doigts, mettez autant de *bibis* de caoutchouc, mais gonflés non plus au petit bonheur : d'eau chaude, cette fois, et à une température telle qu'elle dépasse d'autant de degrés, au début de l'expérience, celle du sang humain, qu'elle lui sera inférieure à la fin.

« Plus radieuse que jamais sera la figure des effluves... de tous les *bibis*.

« — Chaleur ! ne pourrez-vous, alors, vous empêcher de penser.

« 7° Au lieu des *bibis*, mettez sur le pont de verre, en tâchant de ne pas faire de casse, un « gros » aimant Charcot (15 kilog.); et vous trouverez quelquefois — de rares fois ! — quelque chose — peu de chose.

---

[1] *Société française de Physique*, 18 juin 1897.

« — Spectre magnétique! » s'écrie *la Nature*, qui trouve ça... très nature !

« 8° Au lieu du « gros aimant », placez un fer à cheval pareil, non aimanté, ou toute autre masse égale et de même forme, d'un autre métal. Laissez pareilles *toutes* les autres conditions : pareil sera le résultat.

« — Mince! constaterez-vous.

« 9° Reprenez l'aimant et faites en sorte (en l'enveloppant, par exemple, au moment de l'expérience, d'un épais fourreau ouaté) que sa grande masse noire proéminant dans l'air ne puisse tirer, soit de sa position antérieure, soit du contact de vos mains, soit, ensuite, des radiations d'une lampe, ou du voisinage de votre corps, de l'influence d'une fenêtre, même fermée, ou d'un poêle, même lointain, aucune variation de température à transmettre au liquide par les surfaces d'appui, — et alors seulement, si vous découvrez une influence quelconque de la présence de l'aimant, non pas même sur les molécules d'argent, comme on s'obstine à le dire, mais sur les molécules liquides, dont l'inégale concentration fait noircir inégalement le bromure d'argent, — alors, seulement, vous serez en droit d'attribuer aux *effluves magnétiques* ces inégalités.

« Car

« 10° Si vous reprenez les masses de métal non magnétique et les exposez à une variation thermique quelconque (en en rapprochant, par exemple, la lampe, ou posant un morceau de glace dessus), vous retrouverez, sans *magnétisme*, de vagues figures, à l'instar de celle qu'a publiée *la Nature*, qui, bien loin de représenter régulièrement les courbes fermées du spectre connu de l'aimant bipolaire, dessineront bien plus souvent les lignes de flux répulsives, de forme hyperbolique, de deux pôles de même nom.

« 11°. Prenez enfin un fil de métal, roulé en galette à son extrémité, et appliquez-le sur le dos de votre plaque, attaché ou non, par l'autre bout, à un aimant, ou à un doigt, supposé *magnétique*. Vous trouverez toujours, à la place touchée, quelque chose, pas grand chose, mais sûrement un peu plus que rien.

« Et, ainsi, vous aurez, avec l'inventeur des « photographies d'effluves magnétiques » publiées par *la Nature*, refait la grande — et si facile ! — découverte, jusqu'ici dédaignée par les savants (et que même l'Académie des Sciences, cette vieille bégueule, s'obstine à ne pas vouloir enregistrer !) de la conductibilité du cuivre — pour la chaleur ? non ! trop vieux, ça ! — pour tous les magnétismes, même l'animal, surtout l'animal, et de la, stupidement méconnue, canalisabilité du susdit en des fils de métaux variés.

« Adrien Guébhard. »

CHAPITRE III

Théories du D⁻ Baraduc. — Electricité. — Force vitale humaine. — Fluide vital humain. — Psychicones. — Images-pensées. — Atmosphère fluidique de l'homme. — *Od aspir.* — Force courbe. — *Ob expir.* — Attraction de la force courbe cosmique. — Loi des aura. — Résumé des graphies fluidiques. — Données techniques. — Réponse du D⁻ Baraduc aux critiques formulées contre sa découverte.

59. Laissons maintenant de côté les discussions, parfois aigres-douces, entre les partisans et les adversaires des actions du *fluide humain, éthérique, odique, astral, magnétique*, de *l'aura*, etc., etc., sur la plaque photographique, et abordons la théorie du D⁻ Baraduc sur ces matières, auxquelles, depuis cinq ans, il consacre de longues et patientes études, et qui ont fait de sa part l'objet de volumes et de brochures déjà nombreux. Il a bien voulu mettre à notre disposition, comme d'ailleurs son éminent adversaire, le D⁻ Guébhard, les clichés nécessaires pour l'entière compréhension du texte, et nous allons lui laisser la parole en reproduisant la conférence faite par lui à Bar-le-Duc, le 25 octobre 1896, à l'occasion de l'exposition de photographie organisée dans cette ville par la *Société meusienne de Photographie.*

60. I. Électricité.

« Mesdames, Messieurs,

J'entre de suite dans la question :

Quelle différence existe-t-il entre l'homme mort et celui qui est en vie ?

Dans l'un, il y a quelque chose qui n'est plus dans l'autre, c'est-à-dire qui en est sorti.

Qu'est-ce donc que cette chose qui actionne et donne le mouvement, comme la vapeur dans une machine ?

C'est la force qui, en tension, met en marche la locomotive, fait fonctionner son mécanisme ; plus de vapeur, la machine n'est qu'un cadavre.

Mais, dira-t-on, la vie est donc de la chaleur et de l'électricité ?

Non, assurément ; la réponse est péremptoire, car un cadavre réchauffé et électrisé n'en revit pas pour cela, si la mort a réellement eu lieu, séparant et dispersant les éléments du composé humain vivant.

La vie n'est ni de la chaleur, ni de l'électricité ; c'est un principe supérieur, dit Lodge, qui n'est pas rentré dans le domaine de la physique, j'ajouterai faute d'appareils enregistreurs ; mais, actuellement, nous avons la plaque qui décèle la lumière de vie ; elle permet, en effet, d'avoir la photographie de la force vitale humaine et celle d'animaux sacrifiés dans ce but.

La vie et l'électricité sont deux forces tout à fait dissemblables l'une de l'autre par leur signature graphique et par ce qu'on peut appeler les réactifs particuliers qui les différencient. L'électricité, par exemple, ne traverse pas le verre, tandis que le fluide vital le pénètre.

L'électricité, avec son caractère expansif, se présente sous la forme de radicelles d'un chevelu très caractéristique, dont voici un exemple. Elle affecte, comme on le voit, la forme de *ligne droite brisée* (*fig.* 16). De plus elle n'obéit pas aux lois de la réfraction des lentilles et n'a pas l'action polarisée, en attraction et en répulsion, que la vitalité humaine présente sur l'aiguille d'un appareil dit bio-métrique, sur lequel je reviendrai bientôt.

Le fluide vital pénètre le verre si facilement qu'il suffit de le mélanger au fluide électrique pour permettre à cette nouvelle électricité ainsi humanisée de transpercer la plaque (*fig.* 17).

61. II. Force vitale humaine. — La science positiviste et expérimentale s'écrie à juste titre :

Où est la vie ? Où est votre âme ? Nous ne l'avons pas trouvée sous nos scapels, ni dans nos réactions chimiques. L'anatomie nous montre des cavités vides, des tubes nerveux ou des vaisseaux sanguins béants dans un corps froid et inerte.

L'école philosophique répond : lorsque la locomotive a éclaté, que ses entrailles sont à nu, ses tubes tordus et ses roues pendantes, son foyer éteint, on pourrait arguer qu'elle n'a jamais eu de mouvement ni de vie.

L'observation prouve que l'homme en mourant perd sa force, sa chaleur, son mouvement avec le dernier battement du cœur, alors que le sang s'est arrêté et que sa vapeur lumineuse s'est complètement dissipée, comme une fumée, dans l'invisible lumineux, mais obscur pour notre œil.

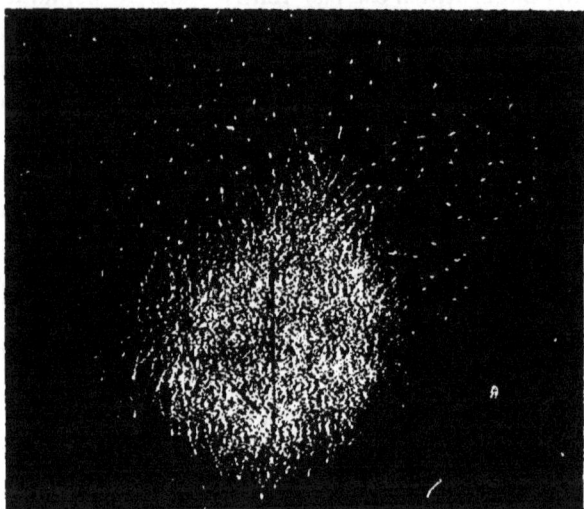

FIG. 16. — Électricité vitalisée.

Voilà ce que l'on pouvait répondre d'après les vues déductives de l'esprit, lorsque la donnée expérimentale s'est enrichie d'un nouveau moyen, la plaque qui enregistre les derniers échappements de la vapeur vivante sortie des animaux sacrifiés.

Dans ce but, le Dr Maurice Adam et moi avons constaté des nuées alternativement striées blanc et noir d'une façon répétée.

Le sang des animaux de basse-cour tués impressionne la plaque mise face du verre sur le sang ou la plaie mortelle. Lorsque l'animal est mort ou le sang coagulé, la plaque n'est plus impressionnée.

Des expériences que j'ai commencées sur la vitalité du cœur

7

humain, il résulte que la plaque à travers le bois du châssis est très fortement impressionnée par de nombreux points, signature de la vitalité cardiaque. Je compte instituer une série d'expériences à cet égard, le cœur étant l'*ultimatum moriens* jusqu'au moment où la plaque restera muette.

Comme la lumière, la force vitale impressionne donc la plaque, c'est-à-dire réduit les sels d'argent et a une action tellement nette sur la pellicule que, dans le bain révélateur, les points touchés deviennent saillants et parfois perforés, comme on le constate pour les émanations volontaires en forme de perles (voir les émanations fluidiques humaines, *fig.* 21 et 22).

Les clichés types de la force vitale humaine se présentent sous la forme d'un semillé de pois dans certaines conditions, ou d'une nuée, d'une vapeur de vie dans d'autres.

1° *Méthode par tension électrique.* — L'expérimentation est double pour obtenir la nuée de vie. On la soustrait en plaçant une plaque sur le front d'une personne située dans le bain d'électricité statique et en présentant rapidement la main d'une autre personne au devant de la plaque ; il se produit alors une forte tension (éviter toute étincelle) entre les deux personnes, c'est-à-dire entre le front et la main ; l'électricité ne pouvant franchir le verre, la force vitale seule pénètre la plaque d'arrière en avant, du verre à la pellicule qu'elle impressionne.

2° *Méthode par tension volontaire.* — La seconde consiste à projeter par l'effort de volonté sa force vitale sur une plaque ; la tension volontaire remplace la tension électrique. Les personnes pleines d'un excès de vitalité impressionnent la plaque facilement.

62. Fluide vital humain : psychicones, images-pensées. — Une troisième méthode de photographier le fluide vital consiste à produire une image-forme, un psychicone sans contact à une distance plus ou moins grande de la plaque, par des sujets hypnotisés s'extériorant, ou par des hallucinations télépathiques procréées et projetées ; on trouve alors une image-pensée de ce *fluide vital* que j'ai pu sortir du corps : 1° par la tension électrique : 2° la tension de la volonté ; 3° la tension de l'imagination. Ces trois méthodes agissent toujours en provoquant une sorte de saignée du fluide vital.

Du reste, les phénomènes de personnes devenues subitement lumineuses en dehors de frictions cutanées, mais sous l'influence d'un dispositif animique de colère, de violence ou de haute spiritualité, ne sont pas rares, l'histoire en présente des exemples que je n'ai pas à rappeler ici ; le phénomène seule importe, c'est que le corps fluidique, notre double, ce que les Fakirs appellent le « Linga-Sahira », peut normalement impressionner une plaque, comme mouvoir une aiguille suspendue légèrement.

Pour mieux vous faire comprendre les choses, vous savez que le corps humain n'est qu'une colonie de cellules, une hiérarchie de consciences, suivant l'expression de Maine de Biran.

Chacun de ces petits êtres possède un corps matériel et une petite âme de vie lumineuse, dont la sensibilité instinctive assure le particularisme de la fonction ; le tout contenu, groupé et dominé par une force spirituelle supérieure.

Supposez une exagération de la tension intra-cellulaire de toutes ces petites âmes lumineuses, sous une formidable poussée de la volonté et de l'esprit, vous aurez l'issue du corps fluidique en entier, le dédoublement de bilocation ; ainsi s'expliquent les phénomènes de télépathie. De même, si la pensée est simplement fixée dans une image, cette image de lumière, vêtement lumineux de notre idée, aura une action photo-chimique assez puissante pour impressionner directement ou médiatement, à travers le verre, la pellicule gélatineuse, et cela d'une façon invisible à l'œil humain : c'est ce que j'ai appelé les psychicones, images lumineuses et vivantes de la pensée.

Vous le voyez, ce ne sont pas les photographies de la pensée, ainsi qu'on me l'a fait dire, mais bien la photographie de l'image modelée avec la lumière de vie par notre pensée et extériorée sous l'empire de la volonté par le souffle de l'esprit. Cet exposé expérimental met en relief, dans la trinité humaine composée du corps matériel, de l'âme et de l'esprit immatériel créateur, *cette lumière de vie* que certaines expériences montrent être de la substance sensible, et que l'on extrait du corps fluidique par une saignée de force vitale.

Cette lumière de vie n'est pas l'âme telle que les religions la conçoivent, car, par rapport au corps matériel, elles englobent en

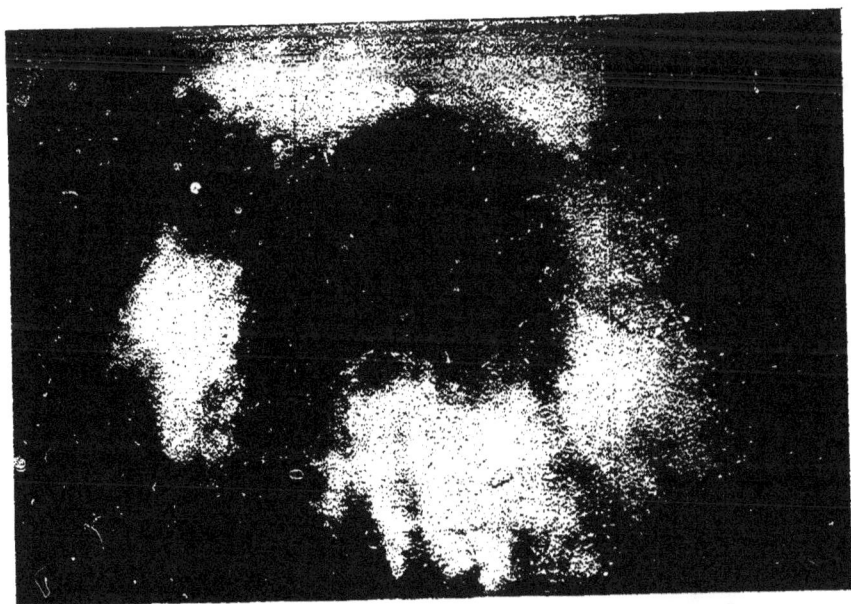

FIG. 17. — Exemple d'une main de fluide vital extrait par tension électrique. La signature en ligne droite brisée électrique ne s'est pas produite à cause du verre, qu'elle ne franchit pas. On peut, par contre, laisser ses doigts au-dessus d'une plaque, *sans contact* ; la plaque est impressionnée par la main comme par le cœur, comme par la rate ; dans certains de ces cas, il faut bien envelopper la plaque de papier noir, si l'on n'opère pas dans une chambre noire, et éviter les contacts ou pressions qui imprimeraient les sillons de la peau dans la gélatine (*cinq minutes à une heure de durée de pose*).

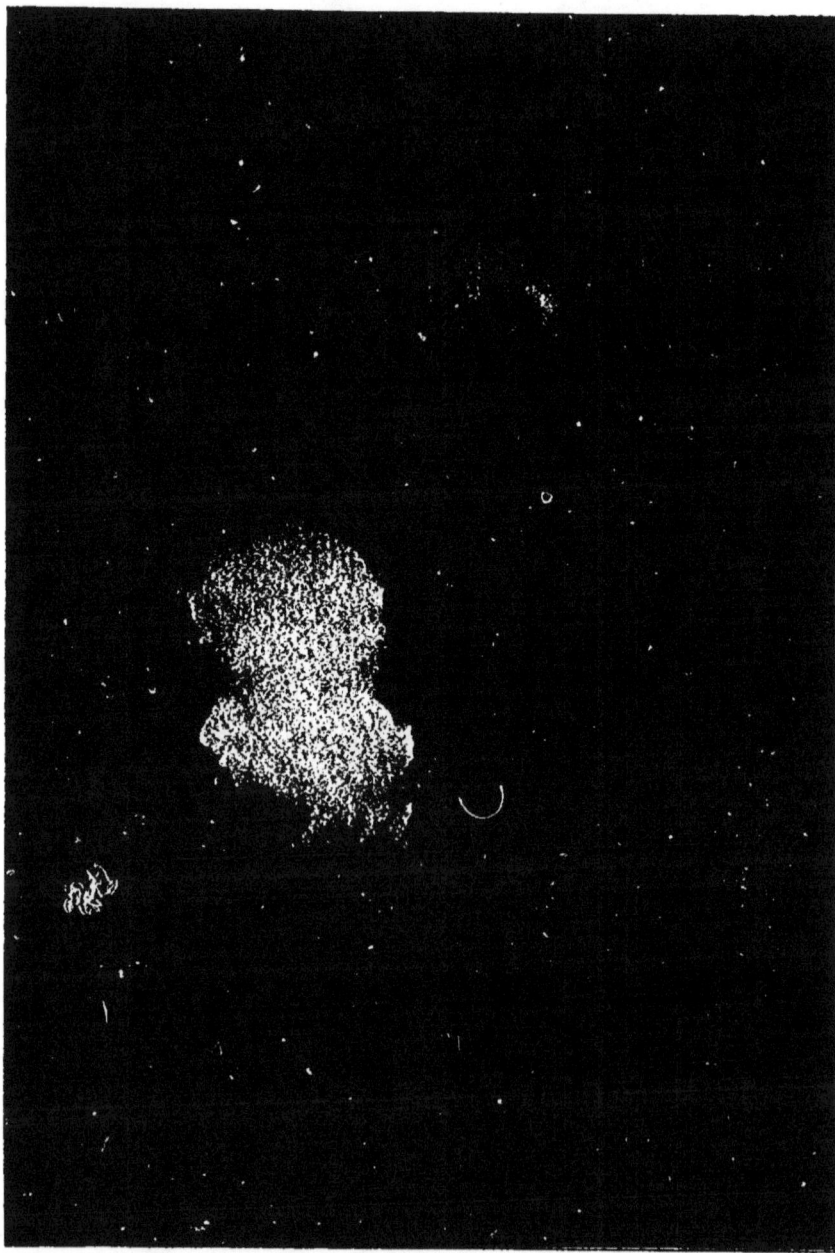

Fig. 18. — Exemple : 1° de projection fluidique vitale qui s'est écrasée sur la plaque; 2° d'une tache blanche de fluide vital, en forme de profil regardant le bord gauche, sans électricité ni souffle, par tension volontaire. Formation et projection d'une image-pensée formée dans le cerveau de l'auteur.

un seul terme, « âme, » toute la vitalité animique ou spirituelle de notre être.

La lumière, qui graphie la plaque, est l'âme vitale sensible, le médiateur plastique et lumineux. Le photo-plasès intermédiaire entre l'esprit divin immortel et immatériel, et ce que la vieille philosophie chinoise appelle les dissolubles, c'est-à-dire le corps, le sang, la chaleur, l'électricité, qui font retour à notre planète.

63. III. Atmosphère fluidique de l'homme. — Il faut donc considérer l'homme comme une composition combinée de substances matérielles, fluidiques ou spirituelles, ou mieux, comme un centre de consommation de substances matérielles liquides, gazeuses, visibles, tirées du sol, et de forces thermo-électriques et fluido-vitales invisibles, que la plaque photographique nous révèle, tout en nous donnant la signature graphique différentielle de l'électricité et de la force vitale humaine.

Ce centre de consommation comporte un double phénomène d'apport et d'élimination, pour le vin bu, le pain mangé, l'air respiré.

Il en est de même pour les modes de l'énergie et pour la force vitale humaine qui est incorporée en nous pour faire notre capital vi et être rejetée, expirée, après usage accompli.

La science a pu analyser les déchets solides, liquides et gazeux de notre fonctionnement corporel, c'est de la science acquise ; la plaque peut enregistrer les déchets et le fonctionnement fluidique et invisible de notre vitalité, c'est la voie de la science future que je signale à ce congrès de photographie.

La plaque garde, comme une judicieuse mémoire, les impressions de ces phénomènes de la vie invisible et les catalogues, sous leurs formes respectives de pois, de perles, d'icones lumineuses, émanés de notre centre vital.

L'homme, considéré comme un centre de consommation, doit être envisagé, du fait même, comme un centre de radiation invisible, un foyer de lumière qui échappe à l'œil ; il est une sorte d'ampoule de Crookes, dont la radiographie atteste cependant que ses rayons invisibles ne sont pas ceux découverts par Rœntgen ; ils n'émanent pas d'un foyer électrique, mais d'une source différente, source de vie et de lumière invisibles.

S'il faut une puissante volonté, un grand souffle pour produire une image psychique, il n'en est pas de même pour impressionner une plaque, lorsqu'on est plein de vie, car on obtient ces nombreuses petites taches, un semillé que j'ai appelé « ob » (lumière qui sort (*fig.* 23 et 24).

64. Atmosphère fluidique de l'homme. — Od aspir. — force courbe. — L'homme, ce foyer central et médian, s'entretient par un mouvement de respiration vitale que, par comparaison avec la respiration pulmonaire, on peut appeler aspir et expir ; c'est un tourbillon

Fig. 19.   Fig. 20.

Double photographie, ordinaire à gauche, fluidique à droite, données par l'auteur, par comparaison ; cette dernière est une projection faite de sa propre forme-pensée de son image faite à grande distance, sans électricité, par la volonté et la conviction de la réussite.

de forces cosmiques en nous, allant de droite à gauche, analogue au mouvement de rotation des astres de l'ouest à l'est, qui constitue le foyer vital et son atmosphère fluidique extérieure.

Il n'y a pas que le cours des astres qui, dans l'univers, offre la trajectoire en parabole et en anse, simultanément avec une rotation sur leur axe ; chez les infiniment petits, les cellules microscopiques, on constate un mouvement amiboïde.

La plaque est impressionnée par les lumières de cette atmosphère, comme l'aiguille d'un appareil spécial sur lequel est fondée ma méthode d'enregistrement de la force vitale en l'homme, comme l'aiguille, dis-je, est repoussée ou attirée dans des conditions d'allure, de rapidité et de chiffrage dont l'ensemble constitue la formule biométrique d'une personne.

Il est nécessaire d'insister sur ce fait brutal de l'influence à distance de notre vitalité sur une aiguille amagnétique, suspendue très légèrement, dont les mouvements chiffrent le sens et l'allure d'un mouvement intime en nous, mouvement de vie, mouvement de

1. — Photographie d'une gerbe d'électricité positive provenant d'une pointe de bois présentée une·seconde au-dessus d'une plaque
e sur le tabouret isolant d'une machine statique, dans une chambre complètement noire; la gerbe est vue par l'œil, elle s'inscrit sur
laque et donne une photographie en un chevelu de lignes droites brisées.

Fig. 23. — *Perles roulantes*. Ces émanations fluidiques humaines ont été produites par une personne très énergique en face d'un appareil photographique mis préalablement au point. L'obscurité faite, la personne, durant un quart d'heure, projette sa volonté sur la plaque qu'elle veut, à travers la lentille, impressionner de sa décharge psychique (nombreux clichés).

Fig. 22. — *Ob expir*. Emanations fluidiques humaines (clichés réduits). Ces pois fluidiques ont été produits sur une plaque restée dans son double châssis deux heures durant entre les deux cœurs de deux personnes s'affectionnant. Cette expérience et d'autres prouvent la réalité de l'emprise et de l'imprégnation fluidique dans l'amour faisant ... deux cœurs humains de force vitale.

l'âme, disait Aristote ; car cet appareil, non seulement est un vrai
manomètre de la tension de notre vapeur vitale indiquant comment
chauffe notre locomotive, mais encore le sens et la direction de la
vitalité en nous, vraie boussole signalant les polarisations de notre
âme vers le pôle spirituel ou le pôle matériel de notre être.

On comprend tout l'intérêt de l'instrument dans les traitements
électriques dont il dirige l'application, car la formule biométrique
est l'expression de notre vitalité normale ou dépondérée de notre
tempérament vital dans les névroses et maladies d'estomac.

L'expérimentation dans laquelle je reste absolument fixé m'a
permis d'arriver à cette double constatation simultanée dans le laboratoire obscur, du mouvement visible de l'aiguille, en même temps
que la plaque recueillait la lumière invisible de ce mouvement, qui
me donnait la formule biométrique, l'état de la vitalité, l'état d'âme,
si je puis m'exprimer ainsi (biométrie et électrothérapie).

Ces phénomènes ont, du reste, été étudiés dans deux ouvrages
que je prends la liberté de signaler aux recherches futures, *la
Force vitale* et l'*Âme humaine, ses Mouvements, ses Lumières*[1].

65. IV. ATTRACTION DE LA FORCE COURBE COSMIQUE. — LOI DES AURA.
— Mais revenons dans le champ de l'atmosphère fluidique de
l'homme ; c'est le seul fait physique expérimental que je retienne
encore : l'impression de la plaque par les vibrations lumineuses
émanées de l'homme, qui, comme un foyer de vie et de lumière,
émet les rayons invisibles de sa vitalité, rayons bien différents par
leur iconographie des rayons réfléchis solaires ou des rayons électriques.

L'homme, je vous l'ai déjà dit, est aussi un centre de consommation de substances matérielles, vitales et spirituelles, créant
autour de lui, par la vibration de sa propre vitalité, une atmosphère
invisible mais réelle, une *aura* en rapport avec son état d'âme. C'est
là l'explication des phénomènes de contagion morale par la fusion
des deux atmosphères de deux personnes différentes, ou d'un
groupe de personnes animées de la même vibration intime.

On comprendra ainsi que la zone de rayonnement d'une personne

[1] Ollendorff, éditeur, Paris.

sur une autre puisse être une cause de joie, de réfection pour cet organisme, impressif, comme une sorte d'empoisonnement pour sa vitalité sensible et psychique. Il existe donc un contact fluidique à

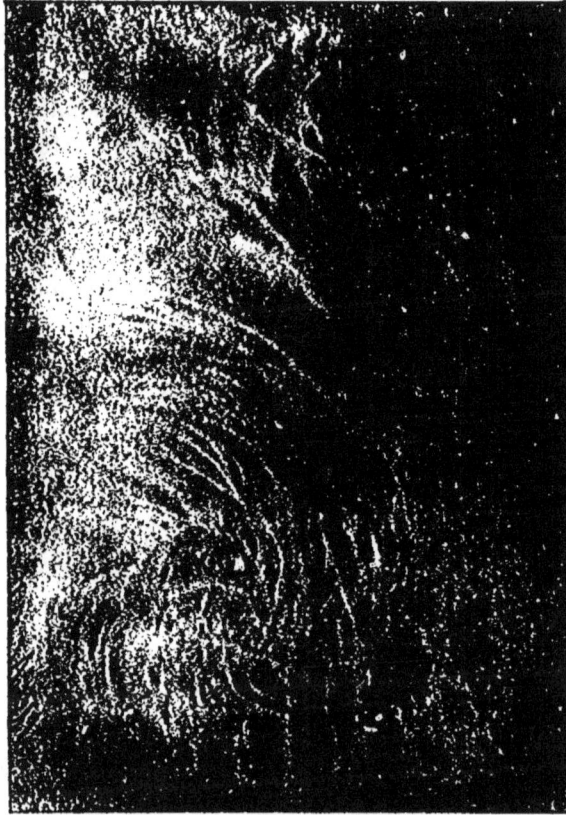

FIG. 24. — *Force courbe cosmique.* — *Aura vortex de tristesse.* — La main étendue au-dessus d'une plaque, l'âme très contristée et contractée. Le D' Adam détermine dans son atmosphère une aura de vertigineuse angoisse (sans électricité).

distance, démontré par la biométrie et l'impression de la plaque, comme un contact matériel démontré par la pression des corps.

Elle va même plus loin : elle permet d'enregistrer les mouvements tourbillonnaires et en anses du cosmos qui nous environne, et démontre objectivement l'existence intersidérale de ces tourbillons fluidiques pressentis par les mathématiciens, comme Maxwell, et enseignés par les penseurs, comme Descartes.

Je présente ici un remarquable exemple de tourbillons de vortex de force courbe cosmique que j'ai découverte dès 1893, et qui fait l'objet d'un mémoire spécial à l'Institut, dans lequel j'ai formulé la loi suivante : « Aura des zones fluidiques qui nous entourent. »

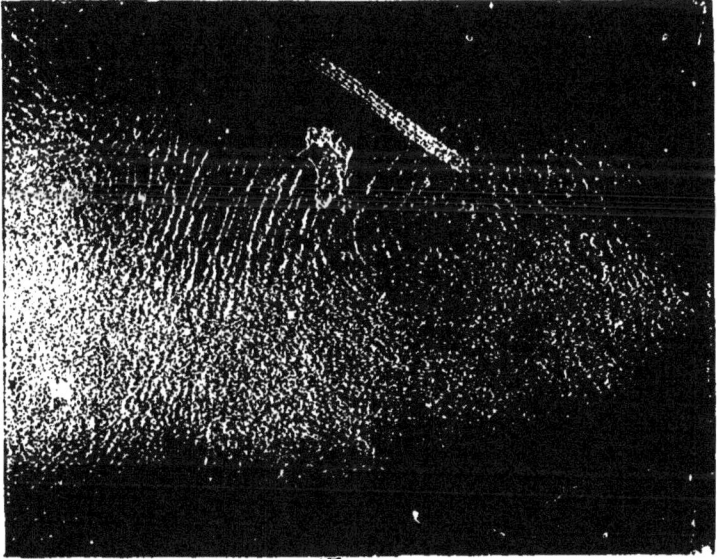

FIG. 25. — *Force courbe cosmique.* — *Aura d affection.* — Triple vortex de face courbe cosmique réuni en un seul et formant une atmosphère fluidique fusionnée. Ce *vortex acte* produit par trois mains étendues sur une plaque, les trois personnes s'affectionnant ne faisant momentanément qu'une pensée, qu'un souffle, qu'une vibration intérieure sympathique (dans une tension électrique).

« 1° *La force cosmique est une force courbe ;*

« 2° Elle se produit par notre propre vibration intime, dans l'atmosphère fluidique périphérique au corps humain *quand et comme nous vibrons nous-mêmes, en nous-mêmes;*

« 3° On peut donc de la vue photographique d'une aura, de l'atmosphère fluidique d'une personne, induire son état d'âme ;

« 4° Ces expériences établissent le bien fondé du jugement de l'état d'âme d'une personne, par l'impression extérieure qu'elle produit sur des personnes sensibles ou sur une plaque.

« La sympathie entre aura établit des relations entre gens qui ne se connaissent pas, vibrent à l'unisson, se recherchent cependant. Dis-moi qui tu hantes, je te dirai qui tu es. »

66. Conclusions. — C'est donc bien un monde nouveau que les sels d'argent réduits, quel que soit le mécanisme physique ou chimique de cette réduction, ouvrent à l'investigation des chercheurs les plus hardis ; car rien ne se perd dans la nature, mais tout se transforme ; les plus hardis, dis-je, trouveront que ces milieux, considérés par nous comme vides et néantiques, sont peuplés de forces, de lumières et d'entités invisibles.

Je n'ai pas à m'étendre sur les phénomènes de l'Au-delà, mais j'affirme et je crois à la pérennité de l'être dans la vie fluidique invisible, par son âme qui se meut et luit, comme à son existence dans la vie terrestre, par son corps matériel qu'il développe. Tout sort de l'invisible, tout y rentre, tout s'y transforme ; c'est le grand acte de transmutation, le grand mystère révélé par saint Jean.

J'adresse ici une prière à tous ceux qui sont intéressés par ces études, c'est de vouloir bien condenser entre mes mains leurs essais, en les annotant d'un mot explicatif. »

RADIOGRAPHIE HUMAINE

(RÉSUMÉ)

67. Ma méthode de Radiographie humaine, continue le D' Baraduc, *à distance et sans contact pelliculaire*, c'est-à-dire sans contact du corps avec la face sensible de la plaque, repose sur un fait capital indéniable, que j'ai démontré dès 1895 dans une brochure intitulée : *Différence graphique des Fluides électrique, vital, psychique*, où je résumais mes travaux commencés en 1893.

Ce fait, continuellement confirmé depuis, est le suivant :

La plaque photographique actuelle (type Lumière) est impressionnée, c'est-à-dire a ses sels d'argent réduits, par une *double* manifestation de la vitalité humaine. Ces deux phénomènes d'observation possible et enregistrable sont :

I. *La Force Courbe* ou *les vibrations de l'Ether Cosmique* attirées dans une zone périphérique au corps humain, lorsque nous sommes en un *état hypervibratoire* de contraction interne, de condensation intérieure. Les vibrations de l'Ether nous pénètrent alors, nous envahissent en raison de la contraction de notre vitalité sur elle-même, lorsque nous disons que les nerfs se nouent, se resserrent.

Cette force donne des empreintes des formes les plus variées, depuis les lignes à courbures peu accentuées jusqu'à celles qui sont fermées comme l'ellipse, l'anse, le demi-cercle, le vortex et même le tourbillon nettement dessiné. Les empreintes obtenues peuvent donc se diviser en catégories suivant le degré de fermeture de la courbe et l'épaisseur du trait ; on observe ainsi plusieurs aura d'éther [1].

---

[1] Le mot d'aura désigne la zone fluidique externe, l'atmosphère extérieure d'une personne très vibrante intérieurement.

A) *Ether plastique*, se fragmentant en une sorte de neige ou facules lumineuses correspondant à une période de réfection de notre vitalité intime, après une fatigue par exemple ; c'est le travail réparateur.

B) *Ether en tourbillon*, lorsque notre état d'âme est angoissé, très impressionné.

C) *Ether subtil*, lorsque notre esprit vibre d'une façon élevée.
— Ces vibrations cosmiques extérieures à nous semblent correspondre à nos propres vibrations internes; il y aurait une sorte d'induction ou de synchronisme vibratoire entre notre vitalité et la vie universelle.

La photographie des vibrations de l'éther, des différentes *aura de la force courbe*, qui sont produites par des états d'âme différents, angoissés, compatissants, élevés, recueillis, a été présentée à la Société de Biologie dans la séance du 3 juillet 1897 ; on peut ainsi résumer cette communication : *L'éther cosmique périphérique à nous vibre quand et comme nous vibrons nous-mêmes intérieurement; il présente une ligne courbe différente de la ligne droite brisée électrique.*

II. La seconde manifestation vitale révélée par la plaque consiste en la photographie du *fluide humain et des émanations vitales extériorisés* du corps humain, lorsque nous sommes en un état hypervibratoire d'expansion ou de décondensation. La plaque a donc ses sels réduits par cette double manifestation de notre vitalité; elle est ainsi devenue le témoin irrécusable de tout un ordre de phénomènes qui aident puissamment à la connaissance de soi-même. Ces phénomènes s'observent, s'enregistrent d'après une méthode scientifiquement établie, dont j'ai fait l'exposé dans une note cachetée, déposée à l'Institut dans la séance du 21 juin 1897 et inscrite sous le n° 5027.

Cette méthode consiste *en l'impression de la plaque, sans contact aucun, ni direct, ni indirect de la pellicule, par la main ou le corps humain.* Cette photographie dans le noir est faite à sec, sans contact pelliculaire, ou à distance avec appareil photographique, mais le plus souvent sans cet appareil. Elle prend nos propres vibrations, ou celles que nous produisons dans une zone qui nous entoure, lorsque nous éprouvons une *suractivité vibratoire,* vitale, émotive, volontaire ou imaginative. On obtient alors dans ces moments, ou avec les gens doués de tempérament excessivement vibrant, l'impression de ces vibrations sur des plaques, en mettant celles-ci dans ce que l'on pourrait appeler la photosphère humaine; notre atmosphère vibratoire, facilement obtenue dans l'obscurité, peut aussi se manifester au demi-jour, lorsqu'elle est très intense.

Il y a un double procédé à la méthode :

1° *Procédé de Laboratoire.* — On opère dans une chambre noire, à la lumière rouge, avec ou sans appareil : A) la main au-dessus de la plaque, ou le front mis en rapport avec la face verre de la plaque; B) en mettant au point une personne que l'on plonge dans l'obscurité avant d'ouvrir le châssis de l'appareil photographique. Il faut nécessairement que cette personne soit en état vibratoire, volontaire ou émotif.

Ce procédé de laboratoire bien installé m'a servi pour toutes les nombreuses expériences faites chez moi.

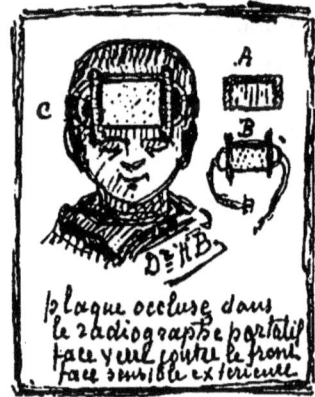

Fig. 26.

2° *Procédé portatif.* — Il consiste à employer des plaques préalablement *occluses* dans un double portefeuille ou mises dans un châssis léger, recouvert d'un verre arrêtant les rayons solaires. Il faut maintenir la face verre séparée de la peau par l'épaisseur de l'enveloppe en contact avec la surface du corps, au moment de la période vibratoire; la plaque occluse, mise dans un petit appareil de contention, constitue le Radiographe portatif, qui enregistre les mouvements dits de l'âme ou de notre vitalité vibrante.

Le mouvement vibratoire interne a lieu : il est *expansif* et la vitalité s'extériorise, ou *contractif* et la vitalité condensée attire les vagues, les ondes, les anses, les tourbillons de l'Éther de la force Cosmique.

Les clichés prouvent ces états hypervibratoires, qu'ils soient pris à la tête chez une extatique, au front pendant la méditation, au cœur dans la passion, à l'estomac pendant la fièvre et le frisson, à la rate dans l'hallucination obsédante, aux organes génitaux durant l'imprégnation du coït.

Ces quelques exemples, au milieu de bien d'autres, suffisent amplement pour démontrer le bien fondé de la méthode radiographique humaine, tant comme méthode d'observation que comme technique opératoire, dont je rappelle ici les principaux termes :

1° Agir à distance et sans contact pelliculaire : A) dans le laboratoire noir ; B) avec une plaque occluse ;

2° Eliminer les plaques piquées ou à vacuoles, défauts de préparation ;

3° Se garer des fautes manipulatoires, provenant de la pression des doigts, des taches, des éraflures, de la graisse, du défaut d'homogénéité, de la révélation sensible, des bavures du lavage, du *défaut d'agitation des bains*, de l'inclinaison du bain révélateur ;

4° N'avoir qu'une confiance modérée dans l'examen des épreuves sur papier sensible, car celui-ci reproduit aussi bien les fautes techniques dues à la gélatine que les empreintes dues à la réduction des sels d'argent.

Que le mécanisme de la réduction des sels d'argent soit physique ou chimique, elle *se produit ;* qu'elle soit plus ou moins intense, superficielle ou profonde, effectuée de la face libre à la face verre de la plaque ou inversement, cette réduction est le *criterium* de la manifestation physique de la vibration invisible dont on peut vérifier la direction et le sens de nous à ce qui n'est pas nous, en observant le cliché.

C'est donc le cliché qu'il faut *voir* pour *croire*, et non l'épreuve qu'on en a tirée, dans la stricte observation scientifique. — Ainsi la plaque occluse devient le fidèle témoin des échanges vibratoires qui se passent réciproquement entre l'homme et l'univers ; elle ouvre pour ainsi dire un monde nouveau à nos investigations, celui des vibrations communes à la *vie universelle* et à la *vitalité particulière* de l'homme dans cette zone qui nous entoure et nous met en rapport avec le Cosmos invisible, zone que l'on peut appeler la photosphère humaine.

Ces phénomènes, réputés extraordinaires, s'éloignent donc du mystère et de la négation pour rentrer dans l'expérimentation physique.

La plaque prise comme témoin irrécusable des vibrations humaines, enregistrées dans l'obscurité, montre que l'homme est un centre de consommation non seulement de substances solides, liquides ou gazeuses empruntées à notre planète, mais encore un foyer, un centre de vibrations lumineuses qu'il entretient pour son existence, en puisant et en rejetant tour à tour dans le Cosmos invisible la force courbe de l'Éther attirée par lui, et les parcelles de sa vitalité vécue qu'il rejette, qu'il expire volontairement ou involontairement dans l'espace.

Ainsi se trouvent démontrées les relations intimes qui existent entre nos petites vitalités particulières et l'immensité des forces cosmiques invisibles, dont nous ressentons le bienfait, comme le contre-coup manifeste.

C'est ainsi que certaines *aura*, certaines crises envahissantes peuvent rendre compte des troubles nerveux consécutifs observés, et rentrent du fait même dans un chapitre spécial de maladies *fluidiques* et vitales, *sine materia* organique, mais de cause cosmique invisible. »

68. Et maintenant, voici comment M. le Dr Baraduc répond aux objections faites contre ses théories, et qui ont été exposées dans les paragraphes 49 *bis*, 56, 57 et 58, dans le numéro du 11 décembre 1897 de la *Revue scientifique* :

« A propos des photographies d'effluves. — Dans un article qu'a publié récemment la *Revue scientifique*, M. Guébhard discute la réalité des photographies d'effluves humains obtenus depuis plusieurs années d'abord par moi, et plus tard par d'autres expérimentateurs. Il rappelle diverses recherches effectuées par lui sur ce sujet, et il croit pouvoir en conclure que ces images ne prouvent en rien la réalité de l'action d'un effluve humain, mais qu'elles doivent être attribuées seulement aux conditions même d'installation de mes expériences. Il déclare, en effet, qu'en abandonnant à elle-même une plaque sensible dans un bain révélateur neuf maintenu au repos, on peut obtenir sur la plaque certaines images définies et spécialement des stries parallèles droites ou incurvées, plus ou moins analogues à celles que j'ai observées.

« Ces images se produiraient ainsi en quelque sorte d'elles-mêmes
sans aucune influence extérieure au bain et résulteraient surtout de
l'orientation naturelle que prennent les molécules en suspension dans
le bain ; on pourrait en suivre à l'œil la formation dans les bains
à liquide trouble, tenant des matières mucilagineuses en suspension, et elles se retrouveraient même encore, dans le bain limpide
tenant les matières en dissolution. Par suite, qu'elles soient seulement maintenues en suspension, ou complètement dissoutes, les
molécules réductrices qui viennent exercer leur action sur la plaque
tendraient toujours à s'orienter suivant certaines lignes déterminées, et cela sous l'influence de forces attractives intermoléculaires,
capillaires, etc.

« Cette action ne se reproduit du reste que sur les bains nouveaux maintenus dans un repos complet, d'où M. Guébhard conclut qu'il suffit d'agiter le bain pour faire disparaître les images
purement adventives ainsi obtenues.

« Il invoque encore la position inclinée donnée quelquefois à la
plaque pour la faire égoutter, en remarquant que le liquide sollicité
par la pesanteur découle sur celle-ci en traçant des stries parallèles qui peuvent expliquer les lignes observées lors du développement de la plaque.

« Suivant M. Guébhard, toutes les images que nous avons obtenues résulteraient en un mot d'actions purement fortuites et indépendantes de l'expérimentation, sinon de fautes techniques opératoires.

« Pour répondre aux critiques de M. Guébhard, il me suffirait de
dire que ses expériences n'ont pas été effectuées dans les conditions
mêmes où je me suis placé et que, par conséquent, les conclusions
qu'il en tire ne sont pas applicables à mes recherches ; j'ajouterai
du reste que, dans les centaines de clichés déjà obtenus tant par
moi que par les expérimentateurs dont j'ai connaissance, nous
n'avons jamais commis les fautes techniques que suppose *a priori*
M. Guébhard. Pour mettre le lecteur à même d'en juger en connaissance de cause, je vais du reste lui donner tous les détails nécessaires sur les méthodes que nous employons pour l'obtention de ces
photographies.

« Ces méthodes sont, en principe, au nombre de deux : l'une par
voie sèche et l'autre par voie humide.

« 1° La voie *sèche* est celle que j'ai adoptée tout d'abord et que je considère comme la plus démonstrative ; elle consiste à agir sur la plaque sensible exposée à sec dans l'obscurité complète, sans contact et à distance du corps humain.

« La plaque est renfermée à cet effet soit dans une boîte en bois hermétiquement fermée de toutes parts, soit dans une enveloppe en papier noir de double épaisseur, qui intercepte ainsi d'une façon indiscutable tout rayon lumineux. Ainsi recouverte, la plaque est exposée dans le voisinage immédiat de la personne en observation et de l'organe qu'il s'agit d'étudier. Elle est maintenue dans cette position pendant un temps assez long pour que l'action de l'effluve humain puisse s'exercer ; puis elle est retirée de la boîte ou de l'enveloppe et amenée dans le bain iconogène toujours dans l'obscurité. L'image apparaît, au bout d'un certain temps, dans les conditions ordinaires de la photographie, le bain étant maintenu en agitation et la plaque enlevée de temps à autre pour permettre d'observer l'image en voie de formation.

« On voit par là que j'opère absolument dans les conditions habituelles ; j'emploie indifféremment un bain vieux ou neuf, et je n'ai jamais observé que l'âge du bain pût exercer une influence quelconque, comme c'est le cas, au contraire, dans les expériences de M. Guébhard. Je puis lui assurer, en outre, que le bain ne reste jamais en repos, et, par conséquent, il est absolument impossible d'invoquer le défaut d'agitation. L'influence qui se dégage, au contraire, d'une façon indiscutable, c'est celle de l'opérateur, du sujet en observation, car les images obtenues varient avec les sujets de la façon la plus prononcée, et cependant les plaques restent maintenues dans les mêmes conditions physiques ; très certainement les impressions devraient être identiques, si elles résultaient exclusivement de l'état du bain révélateur ; telle est ma méthode.

2° Dans la méthode par voie humide, au contraire, la plaque est posée dans le bain iconogène avant d'avoir subi aucune impression ; l'empreinte s'obtient en approchant la partie du corps, l'organe dont on veut étudier l'action, généralement la main ou les doigts, en face de la plaque immergée, quelquefois plongés eux-mêmes aussi dans le bain ; l'action révélatrice due au bain se produit alors simultanément avec l'impression sur la plaque. Il est certain que,

dans ce cas, le bain doit être maintenu au repos, et cette circonstance peut justifier, dans une certaine mesure, les critiques de
M. Guébhard, surtout lorsque la main est immergée ; aussi je ne
considère pas cette méthode comme aussi décisive que l'action par
voie sèche, telle que je viens de la décrire.

« Malgré tout, je ne crois pas, même dans ce cas, qu'il soit possible
d'expliquer toutes les empreintes obtenues par un arrangement
purement fortuit des molécules, comme l'admettent les théories de
M. Guébhard.

« Cette explication purement mécanique où le hasard demeurerait
le factum unique ne tient certainement pas un compte suffisant *de
tous les faits*. Nous ferons observer en effet que, dans un même bain,
et en opérant dans des conditions absolument identiques, les empreintes obtenues varient avec les personnes qui les provoquent.

« M. Guébhard insiste d'autre part sur les empreintes spéciales
qu'il a obtenues en plongeant dans le bain un objet étranger ; il
arrive alors que les molécules semblent se précipiter autour de ces
objets dans certaines directions déterminées, comme si elles
obéissaient à une attraction capillaire, et elles dessinent ainsi un
double réseau de lignes de force radiantes et circulaires.

« Les premiers expérimentateurs, qui opéraient en plongeant
l'extrémité des doigts dans le bain révélateur, obtenaient sans doute
une impression un peu analogue : la présence des doigts provoquait
en effet une action mécanique, une attraction capillaire qui pouvait
se rapprocher de celle qu'a observée M. Guébhard avec des objets.

« Mais cette action capillaire ne peut plus être invoquée lorsqu'on
opère en maintenant la main *tout entière en dehors du bain*. On
observe alors, des lignes bien caractérisées, qui se retrouvent toujours,
quelle que soit la position donnée à la plaque dont la face sensible
peut être tournée indifféremment du côté de la main ou du côté
opposé. Il est impossible, dans ce cas, de faire intervenir une action
mécanique, une influence calorifique, une attraction capillaire quelconque ; il faut bien admettre qu'il s'agit d'une action à distance
provoquée par la *force magnétique* de la main, et sans le moindre
contact.

« C'est bien, du reste, la même action attractive qu'on observe,
d'autre part, lorsqu'on opère sur l'aiguille biométrique ; on constate

alors un déplacement spontané de l'aiguille; et l'action qui met celle-ci en mouvement est bien la même qui agit sur la plaque photographique, ainsi qu'on a pu le reconnaître, d'ailleurs, par des observations simultanément faites.

« Dans la méthode humide *sans contact*, on constate que les molécules réductrices viennent s'assembler vers la pulpe de la main et des doigts en dessinant des lignes courbes convergentes absolument analogues aux lignes de forces tracées par la limaille de fer autour du pôle d'un aimant. Ce rapprochement s'impose d'une façon nécessaire en quelque sorte ; car, si on opère en disposant un simple aimant au-dessus du verre, on obtient des images à peu près identiques à celles dues à l'effluve de la main mise au-dessus du bain, et un observateur non prévenu pourra les confondre.

« Il nous paraît incontestable que ces empreintes photographiques sont bien provoquées par une action afférente au corps humain; nous ajouterons, d'autre part, qu'elles ne présentent pas une disposition absolument fatale comme celles que provoquent l'aimant; elles semblent être modifiées dans une certaine mesure par une cause inhérente à l'opérateur, comme l'action d'un désir physique, la concentration de la pensée ou de l'expectante attention.

« Cette analogie entre les empreintes de l'aimant et celles de la main se retrouve particulièrement marquée lorsqu'on opère avec la main droite, et l'expérience nous montre aussi cette main comme exerçant une action de nature attractive, qui ne se retrouve pas au même degré avec la main gauche; nous sommes donc conduits à penser que les empreintes obtenues doivent être considérées comme des manifestations d'appels provoquées par le corps humain, plutôt que des effluves sortant du corps, pour aller se perdre dans le cosmos extérieur.

« Cette considération explique en même temps l'analogie de formes que présentent les empreintes obtenues par les actions capillaires dues à la présence d'un corps étranger dans le bain. On voit donc que l'action attractive qui détermine ces empreintes peut être provoquée soit par une *force capillaire*, soit par le *magnétisme de l'aimant* ou par la *force vitale* développée surtout dans la main droite. Les effets obtenus manifestent cette analogie tout en distinguant nettement les différences caractéristiques qu'elles présentent.

Les empreintes dues à la force vitale conservent leur nature spéciale et bien distincte, différente de celle de l'aimant, car elles varient en même temps avec l'expérimentateur, dont elles caractérisent ainsi la force vitale particulière. Ces différences peuvent même prendre une importance telle que, dans certains cas, l'empreinte obtenue se trouve complètement transformée ; avec les personnes de tempérament expansif, il peut arriver, en effet, que ces lignes convergentes disparaissent complètement pour faire place à une série de *points* ou de *perles* qui apparaissent disséminés sur la plaque et qu'il est impossible d'attribuer à des taches accidentelles. Nous pouvons même citer certains exemples où les empreintes caractéristiques des deux types opposés sont apparues simultanément sur la même plaque ; on y trouve à la fois, en effet, le réseau des lignes convergentes de la *force courbe*, provenant de l'action expansive, les perles ou pois même jusqu'à des formes vagues rappelant l'objet désiré ou voulu par l'expérimentateur.

« Dans un pareil cas, il paraît évidemment impossible d'attribuer ces images à une répartition fortuite des molécules du bain au repos ; il faut de toute nécessité faire intervenir l'action extérieure résultant de la présence de la vitalité du corps humain.

« Pour en revenir aux objections de M. Guébhard, je rappellerai, comme je le disais en commençant, qu'elles ne peuvent pas être opposées victorieusement à mes expériences, car elles partent d'observations faites dans des conditions *absolument différentes*. M. Guébhard a opéré dans un cadre spécial, en n'étudiant que des actions capillaires et mécaniques et sans tenir compte de l'action que pouvait exercer sa présence non plus que la source lumineuse qu'il était obligé d'employer. Il en est résulté qu'il n'a pas pu déterminer cette influence personnelle, puisque celle-ci se retrouve dans toutes ses expériences sans possibilité de comparaison.

« Je me suis attaché, au contraire, à dégager nettement cette action de la présence humaine, en opérant sur des sujets pris dans les conditions les plus variées d'âge, de vie et de tempérament, en m'efforçant en outre de contrôler en même temps les résultats obtenus par les indications de l'aiguille biométrique.

« Ces expériences ont été effectuées soit à l'origine, par la méthode sèche avec agitation du bain iconogène au moment de la

révélation, soit plus tard, par voie humide, en ayant soin de maintenir la main en dehors du bain, de façon à éviter tout contact et à
écarter ainsi sûrement cette action mécanique et capillaire qu'invoque M. Guébhard ; les résultats obtenus ont toujours été affectés,
comme je l'indiquais tout à l'heure, par le tempérament particulier des expérimentateurs ou des sujets. J'ai pu les contrôler par
l'aiguille, et je ne vois pas qu'il soit possible de les attribuer à une
action purement fortuite.

« Il est bien entendu que les résultats auxquels je fais allusion
ont été obtenus avec des plaques plongées horizontalement dans le
bain révélateur, sans aucune déclivité, et il n'y a certainement pas
non plus l'action de la pesanteur dans la production des stries et
des lignes qu'elles peuvent présenter, à part quelques cas voulus.

« Les résultats que je viens d'exposer ont été constatés non seulement par moi, mais par un grand nombre d'expérimentateurs, qui
tous sont bien d'accord pour affirmer qu'il ne s'agit pas là d'un
simple accident ; et si M. Guébhard voulait reprendre à son tour ces
expériences en faisant varier le facteur personnel tenant à l'expérimentateur, je ne doute pas qu'il n'obtienne, lui aussi, des images
indépendantes des conditions matérielles de préparation du bain
révélateur, et qu'il n'arrive par suite à retrouver cette conclusion fondamentale que j'ai déjà développée : la présence du corps
humain exerce dans l'atmosphère ambiante une action spéciale
qui se révèle sur la *plaque photographique à sec à distance*
et sur l'*aiguille biométrique ;* cette action démontre ainsi physiquement et expérimentalement l'existence de la FORCE VITALE HUMAINE. »

Les pièces du procès pendant entre les ODISTES et ANODISTES sont
entre les mains du lecteur.

A lui de juger et de se faire une conviction.

Ainsi que nous le disions au commencement de ce volume, nous
nous sommes borné à raconter ce qui se sait, ce qui se fait à ce
sujet, et à présenter les théories apportées de part et d'autre pour
l'explication de phénomènes *absolument naturels*, nous ne saurions
trop le répéter.

Nous nous sommes contenté de recueillir et de produire des documents, et, en ce qui nous concerne, nous y voyons que la *matière*, en

quelque état de raréfaction ou de condensation qu'elle soit, et la *force* qui la régit, sont seules en jeu dans les phénomènes qui nous occupent.

Les *Esprits* n'ont rien à voir en cette affaire.

L'*Ame*, pas davantage.

CHAPITRE IV

BIBLIOGRAPHIE

Il se peut que la curiosité du lecteur ait été fortement excitée par la lecture des documents que nous avons mis sous ses yeux, et qu'il veuille plus amplement étudier une question d'autant plus passionnante qu'elle est presque nouvelle et confine de très près au spiritualisme ; de si près même que bien des personnes ne séparent pas ces deux genres de phénomènes. Dans ceux, purement naturels, dont il a été question dans ce livre, il y a évidemment *quelque chose*, que des études longues, patientes et faites de bonne foi, finiront par faire reconnaître comme ayant une valeur scientifique réelle, — à divers points de vue, — ou par faire rejeter dans les vastes domaines de la fantaisie.

C'est pour donner toute satisfaction à cette légitime curiosité que nous ajoutons ici une nomenclature suffisamment longue d'ouvrages où le lecteur pourra étudier à fond les questions complexes du *spiritualisme*, de la *force vitale*, du *magnétisme*, etc., etc.

AKSAKOF. — *Animisme et spiritisme.* Paris, 1895, in-8°.

— *Annales de Psychiatrie.* Paris, 1892, in-8°.

BARADUC (Dʳ Hippolyte). — *La force vitale ; notre corps vital fluidique ; sa formule biométrique.* Paris, 1893, in-8°.

— *L'âme humaine ; ses mouvements ; ses lumières ; et iconographie de l'invisible fluidique.* Paris, 1897, in-8°.

— *Méthode de radiographie humaine. La force courbe cosmique. Photographie des vibrations de l'Ether.* Paris, 1897, in-8°.

BERTHOLON (l'abbé). — *De l'électricité du corps humain dans l'état de santé et de maladie.* Paris, 1786, 2 vol. in-8°.

Bodisco (de). — *Traits de lumière ; preuves matérielles de l'existence de la vie future ; spiritisme expérimental au point de vue scientifique.* Paris, 1892, in-12.

Bosc (Ernest). — *Diabolisme et occultisme.* Nice, 1896, in-16.

— *Addha-Nari, ou l'occultisme dans l'Inde antique.* Paris, 1893, in-16.

— *La psychologie devant la science. Od et fluide odique.* Paris, sans date, in-18.

Chaigneau (J.-Camille). — *Les principes supérieurs ; étude comparée d'occultisme et de spiritisme.* Paris, 1891, in-8°.

Chevillard (A.). — *Etudes expérimentales sur le fluide nerveux, et solution rationnelle du problème spirite.* Paris, 1882, in-8°.

Crookes (William). — *Nouvelles expériences sur la force psychique.* Paris, 1886, in-12.

Davis (Dr Philip). — *La fin du monde des Esprits ; le spiritisme devant la raison et la science.* Paris, 1892, in-18.

Decrespe (Marius). — *Principes de physique occulte. Les microbes de l'astral.* Paris, 1895, in-18.

Delanne (Gabriel). — *Le phénomène spirite ; témoignage des savants.* Paris, 1893, in-18.

— *Le Spiritisme devant la science.* Paris, 1885, in-18.

Encausse (Dr Gérard, dit Papus). — *La science des Mages et ses applications théoriques et pratiques,* petit résumé de l'occultisme. Paris, 1892, in-18.

Fabart (Félix). — *Histoire philosophique et politique de l'occulte : magie, sorcellerie, spiritisme.* Paris, 1885, in-12.

Fugairon (Dr S.-L.). — *Essai sur les phénomènes électriques des êtres vivants.* Paris, 1894, in-18.

Gibier (Dr Paul). — *Le spiritisme (fakirisme occidental),* étude historique, critique et expérimentale. Paris, 1887, in-18.

Ginoux (P.-L.) père. — *Le mystère de la vie humaine dévoilé à ceux qui ne lisent pas Allan Kardec.* Bellème (Orne), 1887, in-16.

Grange (Lucie). — *Petit livre instructif et consolateur; manuel de spiritisme.* Paris, 1889, in-16.

Hulst (Msr Maurice Lesage d'Hauteroche d'), recteur de la Faculté catholique de Paris. — *Christianisme et occultisme.* Paris, 1891, in-12.

Jeanniard du Dot (A). — *Le spiritisme dévoilé.* Paris, 1895, in-16.

Kardec (Allan). — *Le livre des esprits.* Paris, 1895, in-12.

— *Le livre des Médiums.* Paris, 1862, in-12.

Lacroix (Henri). — *Spiritisme américain. Mes expériences avec les Esprits.* Paris, 1889, in-12.

Lenoir (Eugène). — *Etude sur le spiritisme ;* thèse présentée à la Faculté de théologie protestante pour l'obtention du grade de bachelier en théologie. Genève, 1888, in-8°.

Palazzi (G.). — *Les occultistes contemporains sont-ils réellement les continuateurs de la doctrine des initiations antiques ?* Paris, 1892, in-12.

Papus. — *Le spiritisme*. Paris, 1890, in-16.
— *Almanach du magiste pour 1895*. Paris, 1895, in-16.
— *Le diable et l'occultisme*, réponse aux publications *satanistes*. Paris, 1896, in-18.
— *Lumière invisible. Médiumnité et magie ; rayons X et lumière astrale ; l'extériorisation de la vie et les mouvements déterminés sans contact.* Paris, 1896, in-18.
— *L'occultisme contemporain*. Paris, 1887, in-18.
— *Considérations sur les phénomènes du spiritisme*. Paris, 1890, in-8°.
— *Petit glossaire des principaux termes techniques couramment employés dans les livres et revues traitant d'occultisme.* Paris, 1892, in-8°.
Plytoff (G.). — *La magie, les lois occultes, la théosophie, l'initiation, le magnétisme, le spiritisme.* Paris, 1892, in-16.
Riols (J.-E. Santini de). — *Spiritisme et tables tournantes.* Paris, 1880, in-8°.
— *Magnétisme et somnambulisme.* Paris, 1882, in-8°.
— *Hypnotisme et suggestion.* Paris, 1881, in-8°.
Rochas (le colonel Albert de). — *L'extériorisation de la motricité*, recueil d'expériences et d'observations . Paris, 1896, in-8°.
— *L'extériorisation de la sensibilité*, étude expérimentale et historique. Paris, 1895, in-8°.
— *Recueil de documents relatifs à la lévitation du corps humain.* Paris, 1897, in-8°.
Rouget (Ferdinand). — *La photographie mentale des esprits dévoilée.* Toulouse, 1870, in-8°.
Rouxel. — *Spiritisme et occultisme.* Paris, 1892, in-12.
— *Rapports du magnétisme et du spiritisme.* Paris, 1892, in-8°.
Vitoux (G.). — *L'occultisme scientifique.* Paris, 1891, in-18.
Wahu (Dr). — *Le spiritisme dans l'antiquité et dans les temps modernes.* Paris, 1885, in-16.
Walter Scott. — *Démonologie et sorcellerie.* Paris, 1830, in-8°.
Yung (Émile). — *Hypnotisme et spiritisme ; les Faits positifs et les faits présumés.* Genève, 1890, in-8°.

TABLE DES MATIÈRES

—

Pages

Avant-propos... III

PREMIÈRE PARTIE

FORCE PSYCHIQUE

CHAPITRE I

Il n'y a, dans l'univers, qu'une seule matière, animée d'une seule force, le *mouvement*. — Éther. — L'éther, matière divisée à l'infini, suit toutes les lois de la matière sensible. — L'on est une faible quantité de matière animée d'un mouvement à haut potentiel. — *La foudre en boule*, manifestation de l'éther à l'état de condensation 1

CHAPITRE II

Opinion de spiritualistes sur la constitution complexe de l'homme. — Périsprit, corps astral, fluide astral, aérosome, etc. — Esprits, élémentals, coques astrales. — Ce qui se passe à la mort de l'homme. — Théories de MM. Decrespe, E. Bosc, Oxon, etc. — La vie végétative survit quelque temps après la mort. — Grâce au corps astral, l'homme conserve une relation de sensibilité avec un membre amputé. — Théories d'Allan Kardec. — Diverses sortes de médiums............................ 11

CHAPITRE III

William Crookes. — Médiums célèbres : Home, Slade. — Fluide éthérique ; expérience de Seguin aîné. — *Sensitifs:* expérience de MM. de Rochas et Luys. — Poissons électriques. — Théories de M. Fugairon 23

CHAPITRE IV

Pages

Opinion d'Ed. William Cox sur le fluide humain. — Théorie de M. Chevillard sur le phénomène des tables parlant sous l'influence du fluide vital. — D' Philip Davis ; confidences que lui fait Home relativement aux esprits avec lesquels, sa vie durant, il avait prétendu être en relation. — Louis Jacolliot : les Fakirs indiens. — Personnes exceptionnellement douées de la faculté odo-électrique. — Angélique Cottin. — Examen de cette jeune fille par une Commission de l'Académie des Sciences. — Biot et le *briquet atmosphérique* 32

DEUXIÈME PARTIE

PHOTOGRAPHIE DES EFFLUVES HUMAINS

CHAPITRE I

Lumière noire émise par des êtres organisés ; expériences du D' Gustave Lebon. — Expériences du D' Baraduc sur la force vitale. — Magnétomètre du D' Fortin. — Photographies d'M. Aksakoff. — Photographie de l'on. — Expériences du D' Narkieviez-Iodko 50

CHAPITRE II

Expériences de MM. Luys et David sur les *effluves digitaux* impressionnant la plaque sensible dans un bain d'hydroquinone. — Thèse de M. Ch. Brandt relativement à ces effluves. — Réponse de M. Ch. B" tt aux critiques du D' Guébhard. — *Comptes rendus* de l'Académie des Sciences : note du D' Guébhard sur un mode d'enregistrement photographique des *effluves thermiques*. — Réponse du D' Guébhard à M. Ch. Brandt. — Expériences du même docteur sur les phénomènes attribués à des effluves digitaux 63

CHAPITRE III

Théories du D' Baraduc. — Électricité. — Force vitale humaine. — Fluide vital humain. — Psychicones. — Images-pensées. — Atmosphère fluidique de l'homme. — *Od aspir*. — Force courbe. — *Ob expir*. — Attraction de la force courbe cosmique. — Loi des Aura. — Résumé des graphies fluidiques. — Données techniques. — Réponse du D' Baraduc aux critiques formulées contre sa découverte 95

CHAPITRE IV

Bibliographie 123

Tours. — Imprimerie DESLIS FRÈRES, 6, rue Gambetta.

www.ingramcontent.com/pod-product-compliance
Lightning Source LLC
Chambersburg PA
CBHW051717090426
42738CB00010B/1962